21世纪经济管理新形态教材·工商管理系列

管理沟通
新思维、新模式

奚秀岩 李 娜 李 爽 ◎ 主编

清华大学出版社

北 京

内 容 简 介

本书是一本面向 21 世纪管理者的全方位沟通指南，内容丰富且理论与实践相结合，从基础知识、技能与技巧、特殊场合沟通、当代议题、专业与伦理等五方面展开，包含理论章节、实践章节、情景章节、前沿章节及规制章节，并设置多种特色环节，集综合应用性、互动元素、前沿话题于一体。

本书提供了丰富的理论知识和真实的分析案例，助力读者深入理解重点内容，并将其转化为实际工作中可操作的方法与技巧，从而提升沟通效能，驾驭复杂局势。

图书在版编目（CIP）数据

管理沟通：新思维、新模式 / 奚秀岩，李娜，李爽主编. -- 北京：清华大学出版社，2025. 6.
(21 世纪经济管理新形态教材). -- ISBN 978-7-302-69582-0

Ⅰ. C93

中国国家版本馆 CIP 数据核字第 2025E7X928 号

责任编辑：付潭蛟
封面设计：汉风唐韵
责任校对：王荣静
责任印制：刘海龙
出版发行：清华大学出版社
　　　　网　　　址：https://www.tup.com.cn, https://www.wqxuetang.com
　　　　地　　　址：北京清华大学学研大厦 A 座　　　　邮　　编：100084
　　　　社 总 机：010-83470000　　　　　　　　　　　　邮　　购：010-62786544
　　　　投稿与读者服务：010-62776969，c-service@tup.tsinghua.edu.cn
　　　　质 量 反 馈：010-62772015，zhiliang@tup.tsinghua.edu.cn
　　　　课 件 下 载：https://www.tup.com.cn, 010-83470332
印 装 者：北京同文印刷有限责任公司
经　　销：全国新华书店
开　　本：185mm×260mm　　　　印　张：11.25　　　　字　　数：237 千字
版　　次：2025 年 7 月第 1 版　　　　　　　　　　　　印　　次：2025 年 7 月第 1 次印刷
定　　价：45.00 元

产品编号：111880-01

本书编委会

主　编：奚秀岩　李　娜　李　爽

编　委（按姓氏笔画排序）：

　　　　于　越　王　越　王志远　王怡然　张方丽

前　言

　　在当今这个瞬息万变的时代，信息技术的日新月异、全球经济一体化的深入发展以及职场结构的不断进化，正在以前所未有的速度重塑我们的工作环境与沟通方式。管理者不再局限于传统的命令与控制模式，而是需要具备更加敏锐的洞察力和适应性，以便在多样化的团队中有效地沟通与协调，推动创新，促进组织成长。

　　本书旨在为广大管理者提供一套全新的沟通视角和实用工具，帮助他们在快节奏的变化中找到自己的立足之地。我们深信，好的沟通不仅仅是传达信息那么简单，更是理解和连接人心的艺术，是推动变革和解决问题的关键所在。

　　随着互联网、社交媒体和其他新兴技术的普及，沟通的渠道变得更加多样化，信息的传播速度也达到了史无前例的高度。这既带来了前所未有的便利，同时也增加了误解和冲突的可能性。因此，我们需要一种全新的沟通哲学，既能把握住科技的优势，又能克服其潜在的风险。

　　本书涵盖的内容广泛且深刻，从最新的沟通理论到实际应用场景，从个体层面的情绪智力到团队协作，再到全球化背景下的跨文化交流，每一步都是为了帮助读者构建一套完整的沟通体系，使读者无论是面对面沟通还是在线沟通，都能游刃有余地应对各种沟通挑战。

　　本书不仅仅是一本教科书，更是每一个追求卓越、渴望引领未来的管理者的行动指南。在这里，我们将共同探索如何打破旧有的桎梏，开启一段充满可能性的旅程，让每一次沟通都成为一座成功的桥梁，连接人与人的世界，共创美好的未来。

目 录

第一部分 基础知识

第二部分　技能与技巧

第三部分　特殊场合沟通

第四部分　当代议题

第五部分　专业与伦理

第一部分

基础知识

第一章

绪　　论

学习目标

1. 掌握沟通的基础理论与技巧，提升跨文化交流能力；
2. 能够分析历史与技术变迁对沟通方式的影响，适应不断发展的沟通环境；
3. 熟悉心理因素在沟通中的作用，优化人际互动质量；
4. 能够识别并克服沟通障碍，构建高效沟通机制；
5. 具备冲突解决能力，营造和谐的社会关系网络。

第一节　沟通的基本概念

【名人名言】

沟通是处于某种关系之中的甲乙双方，协商交换资源和交换资源的符号传递过程。

——迈克尔·罗勒夫

一、沟通的含义与特点

（一）沟通的含义

沟通，作为人类社会活动的基础，其含义远远超出了简单的信息传递，它是连接人心、推动社会进步的关键力量。深入探讨沟通的内涵，可以看到它在多个层面发挥作用，并塑造着人类的生活和世界。具体来说，沟通是指信息、思想、情感在个体或群体之间传递与理解的过程。它不仅仅是言语的交流，更涵盖非言语行为，如肢体语言、面部表情、语调以及书面文字等多种形式。沟通的本质在于建立联系，促进理解，从而达成共识或协调行动。

把握沟通的含义需要了解三个层次的内容，如图 1-1 所示。

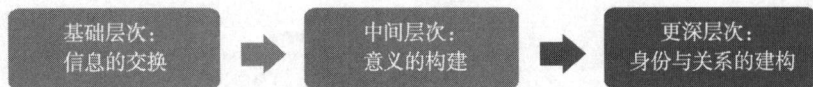

图 1-1　沟通的三个层次

1. 基础层次：信息的交换

沟通最直观的功能就是让信息得以跨越人与人之间的界限，实现知识、观念、情感的分享。这种信息的流动使个体能够获取所需的知识，做出决策，完成任务，满足学习和成长的需求。

2. 中间层次：意义的构建

沟通不仅仅是内容的传递，更是意义的共同创造。每个人的经历、信念和价值观都在沟通过程中交织在一起，形成多元化的解释框架。正是这种多维度的意义构建，使得沟通成为一种深刻的社会文化现象，反映了人类共有的需求和追求。

3. 更深层次：身份与关系的建构

通过持续的沟通，个体不断地展现自我，同时也感知他人对自己的看法，这一互动过程有助于形成和维护个人的身份认同。同时，沟通也是建立和维系人际关系的基础，无论是亲情、友情、爱情还是职业伙伴关系，都是在无数次沟通中逐渐深化和巩固的。

总之，沟通是一种复杂而精细的艺术，它关乎个体如何认识自己，如何理解他人，以及如何在这个世界上找到属于自己的位置。每一次沟通既是一次探索内心世界的旅程，也是一次塑造外在现实的机会。掌握好沟通这门艺术，意味着能够更好地驾驭人生的方向盘，驶向更加充实和谐的生活彼岸。

（二）沟通的特点

沟通是人类社会运行的基石，它不仅仅是言语或信息的简单交换，更是一个复杂而精妙的过程，涵盖多个维度。如表 1-1 所示，沟通的显著特征决定了沟通的本质与效果。

表 1-1　沟通的特点及具体描述

特　　点	描　　述
双向性	沟通是互动过程，参与者交替扮演信息输出方和接收者角色，强调"说"与"听"的平衡，提倡主动倾听与真诚反馈
情境相关性	沟通效果受物理、社会文化和心理环境因素影响，同一句话在不同场景下可能有不同的含义和情感反应
目的导向性	每次沟通都有明确目的，如传递信息、表达情感、说服或合作，明确沟通目的，提前准备，采取适当的沟通策略
不可逆性	信息一旦发送，就无法完全收回或消除其带来的影响，需审慎用词
动态性与连续性	沟通嵌套在更大的沟通链中，每次交流基于之前经验并影响后续沟通，形成不断发展的模式，培养良好口碑和品牌形象
情感与理智并重	情感在沟通中扮演重要角色，情感共鸣有助于建立信任和理解，表露真挚情感能增添说服力，让人感知其诚意与温度

1. 双向性

沟通的本质在于互动，每位参与者既是信息的输出方，亦是接收者。两者角色交替转换，形成意义共建的循环。这种双向性强调了"说"与"听"的平衡，提倡主动倾听与真诚反馈，构建对话的立体感。实践中，培养良好的倾听习惯，尊重对方的发言权，能大幅增进理解和信任，避免沟通陷阱。

2. 情境相关性

沟通的效果受环境因素的影响，包括物理环境（如噪声水平、私密性）、社会文化环境（如身份地位、权力关系）以及心理环境（情绪状态、先入为主的偏见），这些外部条件深刻影响信息的编码、解码过程。同一句话在不同场景下可能蕴含不同的意思，甚至会产生天壤之别的情感反应。鉴于此，人们在沟通时需要充分考量环境因素，灵活运用非言语线索（如肢体语言、声调变化等），以确保信息的精准传达与有效接收。

3. 目的导向性

每一次沟通都有其明确的目的，无论是传递信息、表达情感、说服他人还是寻求合作，确立清晰的目标能让对话更有针对性与成效。实践中，明确沟通目的，提前准备，采取适当的沟通策略，将大幅提升沟通的质量与成功率。

4. 不可逆性

一旦信息被发送出去，就无法完全收回或消除其带来的影响。即使后来的信息能够修正误解，最初的话语仍会留有痕迹，有时会造成永久的印象。即便事后补救，初始印象仍难逆转。这警示人们，在关键时刻审慎用词，尤其在高压或冲突情景中，保持冷静，避免冲动下的伤人言论，以免造成不必要的伤害。

5. 动态性与连续性

沟通不是孤立发生的，而是嵌套在一个更大的沟通链中。每一次交流都是基于之前的经验，并影响着后续的沟通，形成一个不断发展的模式。坚持积极正面的沟通模式，培养良好口碑，可逐步构建个人的品牌形象，赢得持久的人际优势。

6. 情感与理智并重

虽然沟通常被视为理性的交流，但实际上情感在其过程中扮演重要角色。情感共鸣有助于建立信任和理解，促进深度沟通的发生。在恰当的时机表露真挚情感，不仅不会削弱逻辑论证，反而会增添说服力，让人感知诚意与温度。

了解这些沟通的特点，有助于人们更有效地进行人际交流。尤其是在复杂多变的情境中，能够更加敏锐地捕捉他人的意图，避免误解，促进共识，实现更高层次的合作与和谐。

二、沟通的类型与形式

沟通作为信息交流的桥梁，其类型和形式多种多样，旨在适应不同情境下的信息传递需求。

（一）沟通的类型

1. 依方向性区分

（1）上行沟通

员工向上级报告情况、提供反馈或提出创新建议，这是从底层到高层的信息流通渠道。

（2）下行沟通

管理层向下级传达命令、指导方针或企业战略，确保执行一致性和组织目标的实现。

（3）平行沟通

跨部门或同级别员工之间的交流，有利于促进协作和资源共享。

2. 依沟通介质区分

（1）口头沟通

凭借声音和语气表达，包括面对面会谈、电话会议等，其即时性和情感丰富性难以替代。

（2）书面沟通

通过文字呈现，如邮件、报告、公告板通知等，其优势在于内容翔实，便于存档和远程传输。

（3）非语言沟通

包含所有无声信号，如手势、表情、姿势等，即使无言也能传达情绪和意图。

3. 依沟通参与者数量区分

（1）一对一双向沟通

注重个性化和深度，有利于精准表达和亲密关系的建立。

（2）群体沟通

适用于教育讲座、工作会议，可以汇聚集体智慧，但需要注意保持秩序，防止信息稀释。

（3）大众传播

通过演讲、媒体发布等形式触达广泛听众，需要考虑普遍接受性和信息影响力。

4. 依沟通目标导向区分

（1）信息沟通

专注于传递客观事实和细节，如市场调研结果、科学论文。

（2）说服沟通

旨在影响他人的决定或行动，如销售推广、政治演说。

（3）情感沟通

重在表达爱意、同情或安慰，加强个人或团体的情感纽带。

（4）社交沟通

关注礼仪、习俗，有助于构建和维护社会网络。

5. 依沟通技术手段区分

（1）传统沟通

依赖于面对面交流、纸质文档等历史久远的方式。

（2）数字沟通

依托现代科技，如社交媒体、视频会议系统，提供了前所未有的便捷性和覆盖广度。

每种沟通类型都有其独特价值，只有合理选用才能最大化效益。尤其是在全球化和数字化日益发展的今天，了解并掌握多样化的沟通方式显得尤为重要。无论是在个人成长、职业生涯还是日常生活中，灵活运用不同沟通形式，将为构建和谐社会贡献一分力量。

（二）沟通的形式

沟通的形式多种多样，它们基于不同的情境、目的和技术发展，呈现出丰富多彩的面貌。深入了解沟通的不同形式，有助于人们更高效地在各种环境下表达自己，理解他人。以下是一些沟通的主要形式。

1. 口头沟通

（1）面对面交谈

面对面交谈是最直接的沟通方式。通过实时的声音、表情和肢体语言进行交流，特别适合建立亲近感和解决复杂问题。

（2）电话沟通

打破了地理限制，虽不如面对面交谈，但仍能快速传达信息，尤其是在紧急情况下。

（3）视频会议

结合了声音和图像，接近面对面交谈，适用于远程团队协作和跨地域会议。

2. 书面沟通

（1）电子邮件

是商业环境中最常见的沟通工具，方便、正式，可用于记录重要信息。

（2）报告与文件

详细、结构化，适合传达复杂信息或长期保存资料。

（3）社交媒体

如微博、微信、Twitter 等，加速信息扩散，但也容易造成信息过载和误解。

3. 非语言沟通

（1）身体语言

在沟通过程中，身体语言主要包括手势、面部表情和身体姿势，强烈影响沟通效果，是情感交流的重要部分。

（2）空间距离

人与人的空间距离也是一种沟通形式，近距离暗示亲昵，远距离可能表示疏离。

（3）声音特质

人们在沟通时所体现出来的声音特质，如音量、语速和音调，同样能传达丰富的信息。

4. 视听媒体沟通

（1）电视、电影和网络视频

以视觉为主导，辅以听觉元素，是强有力的宣传和教育工具。

（2）播客和有声书籍

强调声音的表现力，适合长途旅行或休闲时聆听。

5. 新媒体沟通

（1）短信和即时通信软件

如 QQ、微信等，提供了随时随地的文字、语音和图片交流，缩短了人与人之间的距离。

（2）博客和论坛

创建了开放式的交流平台，鼓励深度讨论和意见分享。

从表 1-2 中可以看到，每种沟通形式都有其特性和局限，选择合适的方式能够最大化沟通效果，促进理解和共鸣。在不断进化的社会中，新的沟通形式将持续出现，挑战传统的边界，拓宽我们交流的可能性。

表 1-2　各种沟通形式比较

沟通形式	应用举例	特　性	局　限
口头沟通	线下会谈、讨论、电话、视频会议等	即时性；直接性；更直接表达情感；更准确描述文字含义	信息在传递过程中很容易出现错误
书面沟通	邮件、书面通知、信件、文件、报告等	有实体；结构化；正式性；适用于记录重要内容；便于运输	反馈效率低，在一定程度上表达生硬、可接受度低
非语言沟通	身体语言、社交距离、语调语气等	灵活性强、包容度高，可以定义内涵	表意不固定，容易出现误解
视听媒体沟通	视频、播客、有声书	不受时间限制；视听结合；输入属性高	被动输入性质强，可能会产生噪声干扰且不好控制
新媒体沟通	社交软件、博客、论坛	即时性强；沟通距离无限制；沟通范围广	沟通范围鱼龙混杂，不能很准确地辨别信息真伪，容易被误导

第二节　沟通的历程与发展

一、古代沟通方式的演变

在古代，人类的沟通方式经历了显著的演变。最初，人们主要依赖口头传递和肢体语言进行交流，这在狩猎和采集时代尤为常见。远古时代，人们在狩猎时通过叫喊驱赶猎物并告知同伴猎物的方向，这是最早的沟通形式之一。

随着社会的进步，人们开始发展出更为复杂的沟通工具。在远古时期，击鼓、敲钟和号角等声音信号被广泛用于传递信息，尤其是在有敌人侵袭或重大事件发生时。这些声音信号能够迅速传递，帮助人们进行防卫和联络。

到了商代，烽火台作为一种视觉信号工具开始出现。在战争期间，一旦有外敌侵犯，人们就会点燃烽火，通过烟雾和火光传递紧急信息。这种方式虽然有效，但受限于天气和地形条件。

在春秋战国时期，随着文字的出现和纸张的发明，书信成为一种重要的沟通方式。人们通过书写文字，将信息记录在载体上，再通过信使进行传递。这种方式不仅提高了信息的准确性，还使信息能够跨越更长的时间和距离进行传递。

此外，古代人们还利用鸽子等动物进行信息传递，即飞鸽传书。这种方式虽然速度较慢，但在特定条件下仍具有一定的实用性。

总的来说，古代沟通方式的演变是一个不断适应人类社会需求和技术进步的过程。从口头传达、声音信号、视觉信号到书信传递，这些沟通方式的发展不仅提高了信息传递的效率，还为后世更为复杂的通信系统奠定了基础。这些演变不仅反映了人类智慧的进步，也为人们今天所依赖的现代通信技术提供了宝贵的启示。

二、近现代沟通技术的革新

近现代以来，沟通技术经历了前所未有的革新，极大地改变了人们的生活和工作方式。

随着 20 世纪 80 年代第一代移动通信技术（1G）的诞生，人们开始步入移动通信时代。尽管 1G 技术的传输速率有限，活动区域也受限，但它为后续的移动通信技术发展奠定了基础。随后，第二代移动通信技术（2G）在 20 世纪 90 年代出现，不仅传输速率大幅提升，还实现了异地漫游，进一步推动了移动通信的普及。

进入 21 世纪，互联网的普及彻底改变了信息的传播方式。电子邮件、即时消息等书面沟通工具成为人们日常交流的重要组成部分。同时，社交媒体平台的兴起，如微博、微信、Facebook 等，使信息传递和社交互动在全球范围内变得更为便捷。这些平台不仅提供了文字交流，还支持图片、视频分享，甚至实时直播，极大地丰富了沟通的内容和形式。

此外，远程视频沟通技术也得到了快速发展。视频会议、网络电话等工具使人们可以跨越地理界限进行面对面的交流，极大地提高了沟通效率和质量。随着人工智能、虚拟现实和增强现实等技术的不断进步，社交媒体的用户体验也在不断提升，为用户创造了更加沉浸式的社交体验。

综上所述，近现代沟通技术的革新不仅改变了人们的沟通方式，还推动了社会的快速发展。从移动通信到互联网，再到社交媒体和远程视频沟通，这些技术的出现和发展，使人们可以更加高效、便捷地进行信息交流，同时也为人们的生活和工作带来了更多的便利和乐趣。

三、当代沟通手段与社交媒体

在当代社会，沟通手段日新月异，社交媒体无疑是最具影响力的沟通方式之一。社交媒体的出现不仅改变了人们的沟通方式，还深刻影响了现代人际关系的构建和维系。

社交媒体平台如微信、Messenger 等，提供了即时通信的功能，使人们可以随时随地与他人进行对话，消除了传统通信的时间和空间障碍。此外，社交媒体还提供了文字、语音、视频等多种形式的沟通方式，丰富了人们表达情感的选择。

除了便捷的沟通方式，社交媒体还成为人们获取和分享信息的开放平台。用户可以在社交媒体上快速分享新闻和个人观点，扩大影响力和信息的覆盖面。同时，通过照片、视频和状态更新，人们可以展示自己的生活方式和兴趣爱好，加强与他人的连接。

社交媒体还打破了地理限制，帮助人们建立更广泛的社交网络。用户可以与世界各地的人进行交流，拓展人脉和国际视野。此外，依托兴趣和爱好形成的社群，让拥有相同兴趣的人聚集在一起，便于交流和合作。

然而，社交媒体也带来了一些挑战。信息过载现象使人们在筛选和判断信息时容易产生焦虑和不安。同时，社交媒体上的虚拟互动虽然方便，但往往缺乏真实的情感交流，可能导致人际关系的疏远和表面化。此外，隐私泄露问题也是社交媒体面临的一大挑战，用户需要提高隐私保护意识，确保个人信息的安全。

四、未来沟通方式的发展趋势

在未来，沟通方式将继续呈现多元化和智能化的趋势。随着科技的飞速发展，特别是互联网、大数据和人工智能技术的广泛应用，人们的沟通方式正在经历一场深刻的变革。未来，沟通将不再局限于传统的面对面交流，而是更多地依赖于数字化、远程化和智能化的手段。

首先，多元化沟通方式将得到进一步拓展。除了现有的电子邮件、即时消息和视频会议等远程沟通工具，还将涌现出更多创新的沟通平台和应用。这些平台将融合文字、语音、视频和图像等多种元素，为人们提供更加便捷、直观和高效的沟通体验。

其次，人工智能将在沟通中扮演越来越重要的角色。借助自然语言处理和情感识别技术，人工智能将能够更准确地理解人类意图和情感，从而提供更加贴心和人性化的沟通服务。例如，智能客服和虚拟助手将能够 24 小时不间断地为用户提供支持，而情感识别技术则能让人工智能在心理健康、教育辅导等领域为用户提供更有效的帮助。

最后，跨文化沟通也将变得更加便捷和高效。随着全球化的推进，不同文化背景的人们之间的交流将越来越频繁。未来，借助先进的翻译技术和跨文化沟通培训，人们将能够更轻松地跨越文化障碍，实现有效的沟通与合作。

然而，未来沟通方式的发展也面临一些挑战。例如，如何保障个人隐私和数据安全、如何避免信息过载和虚假信息的传播等问题都需要人们共同关注和解决。

第三节 沟通的重要性及应用场景

【名人名言】

> 沟通，沟通，再沟通。
>
> ——杰克·韦尔奇

沟通作为人类社会交流的基本方式，其重要性不言而喻。它不仅是信息传递的桥梁，更是人际关系建立的基石。在日常生活和工作中，有效的沟通能够消除误解，增进理解，促进合作，从而推动个人与组织的共同发展。

从个人层面来看，良好的沟通能够帮助人们建立和维护良好的人际关系。无论是家庭关系、友情还是职场同事关系，都需要通过沟通来增进了解，解决矛盾，达成共识。有效的沟通还能够提升个人的社交能力，增强自信心，使人们更加从容地应对各种社交场合。

在工作场景中，沟通的重要性更加凸显。无论是团队协作、项目管理还是客户服务，都需要通过沟通来明确目标、分配任务、协调进度、反馈意见。良好的沟通能够确保信息的准确传递，避免工作失误和重复劳动，提高工作效率和质量。同时，它也是企业文化和价值观传承的重要途径，有助于形成积极向上的工作氛围。

此外，沟通还广泛应用于教育、医疗、政治、商业等多个领域。在教育领域，教师需要与学生沟通，了解他们的学习需求和困惑，提供个性化的教学指导；在医疗领域，医生需要与患者沟通，解释病情和治疗方案，缓解患者的焦虑和恐惧；在政治和商业领域，沟通更是决策制定、市场开拓、品牌塑造等关键环节不可或缺的工具。

简述题

1. 简述沟通在个人层面的重要性。
2. 阐述沟通的类型（按不同分类方式）。
3. 说明古代沟通方式演变的过程及其意义。
4. 分析社交媒体给当代沟通带来的挑战。
5. 简述未来沟通方式的发展趋势及面临的问题。

即测即练

本章案例分析

自学自测 扫描此码

第二章

沟通模型与沟通理论

学习目标

1. 熟练掌握沟通模型的基本原理与结构，提高分析沟通问题的能力；
2. 对比古典与现代沟通理论，加深对沟通本质的理解；
3. 应用沟通模型，提升在多元环境下的沟通技巧；
4. 分析并解决网络、跨文化、团队等具体情境中的沟通挑战；
5. 在理论指导下，创新沟通实践，特别是在危机处理中的沟通策略。

第一节　沟通模型概述

一、沟通模型的含义与重要性

沟通模型，作为理解和分析信息交流过程的重要工具，是对沟通行为中信息发送者、接收者、信息内容、渠道及反馈等关键要素之间关系的抽象描述。它旨在揭示沟通活动的内在机制和规律，帮助人们更有效地进行信息传递和理解。

在定义上，沟通模型不仅涵盖信息的编码、传递和解码过程，还涉及沟通双方的心理状态、文化背景、社会环境等多重因素。这些因素共同作用于沟通活动，影响着信息的准确性和效率。

沟通模型的重要性不言而喻。首先，它为人们提供了一种系统化的思考方式，使人们能够全面审视沟通过程中的各个环节，从而发现潜在的问题和改进点。其次，沟通模型有助于提升沟通效率。通过明确信息发送者和接收者的角色与责任，优化信息传递渠道和方式，减少误解和冲突，确保信息的准确传递和接收。最后，沟通模型还能促进跨文化交流。在全球化的背景下，不同文化背景下的沟通日益频繁。了解并应用沟通模型，可以帮助人们更好地适应和理解不同文化背景下的沟通习惯，实现更有效的跨文化沟通。

因此，深入研究和理解沟通模型，对于提升个人和组织的沟通能力、促进信息交流和合作具有重要意义。在接下来的章节中，将进一步探讨经典沟通模型和现代理论视角下的沟通模型，以期为实际沟通活动提供更为具体的指导和启示。

二、沟通模型的历史发展

沟通模型，也称为沟通模式，是用于解释信息传递过程和分析沟通形式的理论假说，其历史发展经历了从单向传递到交互性、动态性和发展性的转变。

20 世纪 50 年代前后的沟通模型主要强调信息传递的单向流程，最具代表性的是香农-韦弗模式。该模式将信息传递过程分为信源、发射器、信道、接收器和信宿五个部分，并引入了噪声的概念，泛指干扰信息传递的任何因素。这种模式为理解信息传递的基本框架提供了理论基础。

随着理论的演进，20 世纪六七十年代以后的沟通模型开始强调沟通的交互性、动态性和发展性，奥斯古德-施拉姆循环模型是这一时期的典型代表。该模型认为沟通是一个持续不断的循环过程，发送者和接收者角色可以互换，强调了沟通的双向性和互动性。

在管理沟通领域，沟通模型的发展也经历了类似的转变。在科学管理理论及古典组织管理理论阶段，沟通主要聚焦于提高工作效率的下行沟通。而到了行为科学理论阶段，沟通研究开始注重人际沟通和横向沟通，强调人的社会需求和情感因素在沟通中的作用。

进入现代，随着信息革命和网络技术的发展，沟通模型更加多样化，不仅涵盖传统的人际和组织沟通，还涉及数字沟通、跨文化沟通等新领域。这些模型不仅解释了信息传递的过程，还关注沟通中的情感、认知和行为层面，以及沟通环境和社会文化背景对沟通效果的影响。

总之，沟通模型的历史发展是一个不断演变和完善的过程，反映了人类对沟通现象认识的深化和拓展。

三、沟通模型的基本构成

如图 2-1 所示，沟通模型是解释和分析信息传递过程的理论框架。它由多个关键要素组成，这些要素之间相互作用，共同构成了一个完整的沟通系统。

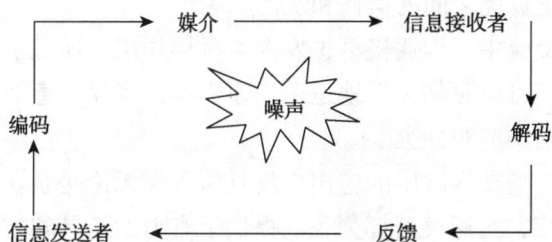

图 2-1　沟通模型

首先，沟通模型的核心是信息发送者和信息接收者。信息发送者将想要传递的信息进行编码，选择合适的沟通媒介，然后将编码后的信息发送给信息接收者。信息接收者则通过解码过程，将接收到的信息还原为原始意义，并据此作出反应。

其次，媒介在沟通模型中扮演着信息传递的桥梁角色。它可以是口头语言、书面文字、肢体语言，或者是电子设备等。媒介的选择对信息的传递效果有着重要影响，不同的媒介适用于不同的沟通场景和目的。

再次，噪声是沟通模型中不可忽视的因素。噪声指的是任何干扰信息传递的因素，包括物理噪声、心理噪声、语义噪声等。噪声的存在会导致信息的失真和损耗，影响沟通的效果。

最后，反馈是沟通模型中的重要组成部分。信息接收者对接收到的信息作出反应，并将这些反应反馈给信息发送者，从而形成一个闭环的沟通系统。反馈有助于信息发送者了解信息的传递效果，及时调整沟通策略，提高沟通效率。

综上所述，沟通模型的基本构成包括信息发送者、信息接收者、媒介、噪声和反馈。这些要素相互作用，共同构成了一个完整的沟通系统，使信息能够在发送者和接收者之间有效地传递和理解。在实际应用中，人们需要根据具体的沟通场景和目的，选择合适的沟通媒介和策略，以减少噪声的干扰，提高沟通的效果。

四、沟通模型在实践中的应用

沟通模型不仅是理论上的构建，更是实践中的有力工具。在各类组织、团队乃至个人生活中，沟通模型的应用无处不在，其重要性不言而喻。

在企业管理中，沟通模型帮助企业建立清晰的沟通渠道和流程。例如，通过运用线性沟通模型，企业可以确保信息从高层管理者准确传达至基层员工，同时，基层的反馈也能及时上传。这有助于企业做出更为精准的决策，提升整体运营效率。

在教育领域，沟通模型同样发挥着重要作用。教师利用循环沟通模型，可以与学生建立双向互动，鼓励学生表达自己的想法和困惑。这种沟通方式不仅提升了学生的学习兴趣，还促进了师生之间的理解和尊重。

在人际交往中，沟通模型的应用则更多地体现在情感交流上。人们通过运用交互式沟通模型，可以更好地理解对方的情感和需求，从而建立更为稳固和谐的人际关系。这种沟通方式有助于增进彼此之间的信任和友谊。

此外，在跨文化交流中，沟通模型也发挥着桥梁作用。通过了解不同文化背景下的沟通习惯和差异，人们可以更加灵活地运用沟通模型，确保信息的准确传递和接收，避免因文化差异而产生的误解和冲突。

综上所述，沟通模型在实践中的应用广泛且深入。无论是企业管理、教育领域还是人际交往、跨文化交流，沟通模型都为我们提供了有力的工具和方法，帮助我们更好地理解和应对复杂的沟通情境。

第二节　经典沟通模型解析

> **【名人名言】**
>
> 1. 只要有可能，资料应该从发送者直接传递给接收者。
>
> ——当劳·柯克派崔克
>
> 2. 有效的沟通取决于听者的反应；一个人必须知道该说什么，一个人必须知道什么时候说，一个人必须知道对谁说，一个人必须知道怎么说。
>
> ——彼得·德鲁克

一、线性沟通模型

线性沟通模型是沟通理论中最基础且广泛应用的模型之一。该模型描述了一个信息从发送者传递到接收者的单向过程，其结构简洁明了，主要包括信息源、编码、通道、解码、接收者及反馈等基本环节。

在信息源阶段，沟通的发起者产生信息，这些信息可能源于个人的想法、感受或需求。随后，在编码环节，发送者将内在的信息转化为可传递的语言、表情、动作等信号。编码的方式直接影响信息的准确性和可理解性，因此选择合适的编码方式至关重要。

通道作为信息传递的媒介，可以是面对面的交谈、电话、短信或邮件等。每种通道都有其特点和适用场景。例如，面对面沟通最直接有效，但也可能因情绪控制不当而导致冲突升级；而短信和邮件则更加便捷，但可能因文字表达的局限性产生误解。

接收者通过解码过程将接收到的信号转化为可以理解的信息。由于解码方式受个人背景、经验和价值观的影响，因此，信息在传递过程中可能会产生一定的偏差。

反馈环节是线性沟通模型中较为薄弱的一环，但也是检验沟通效果的重要手段。接收者通过反馈表达自己的理解和反应，发送者则根据反馈调整信息，以确保沟通的有效性。尽管线性沟通模型强调信息的单向传递，但在实际应用中，反馈的引入能够显著提升沟通的质量和效率。

线性沟通模型适用于需要快速传递信息或指令的场合，如项目管理中的决策传达、情侣间的简单沟通等。然而，在处理复杂信息或需要深入交流的场合，线性沟通模型可能显得力不从心，此时交互式沟通模型或循环式沟通模型将更为适用。

二、交互式沟通模型

交互式沟通模型是一种强调信息在发送者和接收者之间双向流动的沟通方式。它突破了传统单向沟通的局限，实现了双方共同参与、相互影响的过程。

在交互式沟通模型中，双向交流是核心要素。沟通不再是单向的信息传递，而是双方都有机会表达自己的观点和感受，实现真正的互动。这种沟通方式能够增进彼此的了解和信任，特别是在异地恋或远程工作中，通过电话、视频通话、即时通信工具等方式，双方可以实时分享和反馈信息，克服地理障碍。

反馈是交互式沟通模型的另一个重要组成部分。接收者不仅要接收信息，还要对信息进行回应，让发送者了解自己的信息是否被准确理解。这种反馈机制有助于双方不断调整沟通方式，提高沟通效果。例如，在项目管理中，团队成员可以通过交互式沟通即时反馈项目进展和遇到的问题，从而加速问题的解决和决策的制定。

共同参与也是交互式沟通模型的一大特点。在沟通中，双方不是被动地接收信息，而是积极地参与到问题的讨论和解决中。这种参与感能够增强双方的责任感和归属感，促进问题的解决。例如，在项目评审会议中，项目经理和团队成员可以通过交互式沟通共同讨论项目的进展、问题和风险，并制定相应的解决方案。

交互式沟通模型在多个领域都表现出强大的适用性。在异地恋中，它增强了双方的信任和满意度；在项目管理中，它提高了团队协作和决策效率。此外，随着科技的发展，交互式沟通方式也在不断创新，如视频会议、在线协作工具等，为沟通提供了更多便捷和高效的手段。

综上所述，交互式沟通模型以其双向交流、反馈和共同参与的特点，成为现代沟通中不可或缺的重要工具。

三、循环式沟通模型

在经典沟通模型中，循环式沟通模型是一个重要的理论框架，由传播学家施拉姆于1954年首次提出。这一模型强调了信息传播过程的循环性，即信息的编码、阐释、译码、传递、接收过程是一个循环往复、互相影响、持续不断的过程。

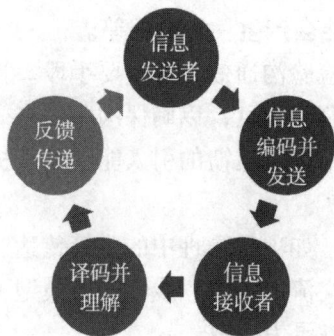

图 2-2　循环式沟通模型

循环式沟通模型的核心在于信息的反馈机制。如图 2-2 所示，在循环式沟通模型中，信息发送者将信息编码后发送给接收者，接收者再对信息进行译码并理解。随后，接收者会通过反馈将理解的信息或反应传递回发送者，形成一个闭合的循环式沟通。这种循环性不仅增强了沟通的互动性，还使沟通双方能够不断调整和改进信息传递的方式和内容。

此外，循环式沟通模型突破了传统单向直线模式的局限，更强调传收双方的相互转化。在沟通过程中，发送者和接收者的角色并不是固定不变的，而是可以随着沟通的进行而相互转换。这种灵活性使沟通更加灵活多变，能够适应不同情境和需求。

循环式沟通模型的应用广泛，不仅适用于人际沟通，还适用于组织沟通、跨文化沟通等多个领域。在人际沟通中，循环式沟通模型有助于双方建立更深入的理解和信任；在组织沟通中，循环式沟通模型能够促进信息的有效传递和团队协作；在跨文化沟通中，循环式沟通模型则能够帮助不同文化背景的人们更好地理解彼此，减少误解和冲突。

综上所述，循环式沟通模型是一个具有深远影响的经典沟通模型，它强调了沟通的循环性和互动性，为理解人际和组织中的沟通提供了有力的理论支持。在现代社会，随着信息技术的不断发展，循环式沟通模型的应用将更加广泛，成为推动有效沟通的重要工具。

四、系统式沟通模型

系统式沟通模型强调沟通是一个涉及多个要素和环节的复杂系统。它提供了一套结构化和系统化的方法来理解和优化沟通过程。

在系统式沟通模型中，沟通被视为一个动态、相互作用的过程。它始于沟通的意图，这一意图经过编码转化为可被传递的信息。信息的发送者需要选择合适的沟通方式，并考虑接收者的理解能力，以确保信息能够准确传递。编码和解码是这一过程中的关键环节，它们受到沟通双方的技能、态度、知识和社会文化系统的影响。

噪声是系统式沟通模型中另一个重要的概念。在信息传递过程中，噪声会导致信息失真或过滤，从而影响沟通效果。噪声可能来自外部环境，如汽车引擎声，也可能源于沟通双方内部的认知偏差或情绪干扰。

系统式沟通模型还强调沟通系统的整体性和各要素之间的相互作用。沟通出现问题时，不能片面地从某一个角度去分析，而应充分考虑系统中各要素的关系。例如，在项目管理中，项目经理需要规划沟通系统中的各要素，创造促进沟通的环境。团队成员可以借助这一模型，认识到沟通不畅可能是多种要素相互作用的结果。

此外，系统式沟通模型还包含了一系列具体的沟通策略和方法，如 PREP 法则（结论—依据—事例—重述结论）和 FIRE 模型（事实—解读—反应—结果）。这些策略和方法有助于沟通者构建清晰、有说服力的论述，并确保信息被接收者理解和记住。

综上所述，系统式沟通模型为我们提供了一种全面、系统的视角来理解和优化沟通过程。它强调了沟通的动态性、相互作用性和整体性，为我们提供了有效的沟通策略和方法。

第三节　现代沟通理论的发展

【名人名言】

1. 不存在个人和社会的分离，把二者分离是毫无意义的，而二者结合就是一切。

——库恩

2. 管理者的最基本功能是发展和维系一个畅通的沟通管道。

——巴纳德

一、符号互动理论

在现代沟通理论的发展中，符号互动理论占据了举足轻重的地位。这一理论起源于重视社会心理学研究的英国，并在美国得到了长足的发展。其理论基础由美国心理学家和哲学家如詹姆斯、杜威等人奠定，但主要由库利、米德和布鲁默三位学者推动发展。

符号互动理论的核心观点是：个体在社会互动中通过符号（如语言、文字、表情等）赋予事物意义，并通过这些意义指导他们的行为和态度。米德提出了"主我"和"客我"的概念，认为个体通过与他人的互动，将他人吸纳到自身之中，从而形成自我。布鲁默则进一步系统化了符号互动理论，强调符号互动是人类行为的基础。

在符号互动理论的发展过程中，库恩及其同伴采用了一种被称为"主题统觉测试（the matic apperception test，TST）"的方法，使符号互动理论具有操作性。这种方法通过量化分析个体对自我概念的理解，进一步揭示了符号在个体自我形成中的重要作用。

符号互动理论在教育、传播学、心理学等多个领域都有广泛的应用。在教育领域，它被用来分析教师与学生之间的互动过程，以及如何通过优化这些互动来提高教学效果。在传播学中，符号互动理论帮助理解信息是如何在社会中被传播和被接收的。

符号互动理论不仅揭示了人们如何通过符号进行沟通和互动，还强调了符号在个体自我形成和社会结构构建中的关键作用。它提供了一种理解个体如何在社会环境中形成自我认知的框架，同时也揭示了社会结构和文化如何通过符号互动被构建和维持。这一理论对于现代沟通理论的发展和应用具有重要的指导意义。

二、沟通适应理论

在现代沟通理论的发展中，沟通适应理论（communication accommodation theory，CAT）占据了重要地位。这一理论由美国学者萨莫瓦尔等人提出，强调在跨文化交际中，沟通双方需要相互适应以实现有效沟通。

沟通适应理论的核心在于解释和预测人们在社会沟通中为什么、何时、如何调整他们的沟通行为，以及这些调整会产生什么样的社会后果。它认为，沟通者的文化背景、语言能力和交际风格等因素都会影响跨文化交际的效果。因此，在跨文化沟通中，双方需要不断调整自己的沟通方式，以适应对方的文化背景和交际习惯。

在实际应用中，沟通适应理论被广泛运用于研究组织行为、语言风格、人际关系等多个方面。例如，在组织管理中，领导者需要了解下属的文化背景和沟通习惯，以便更好地与他们沟通，激励他们的工作积极性。在教育领域，教师需要了解学生的文化背景和学习风格，以便采用更适合他们的教学方式，提高教学效果。

此外，沟通适应理论还强调了情境和环境对沟通的影响。在不同的情境下，人们需要采用不同的沟通策略以适应不同的需求。例如，在正式场合中，人们需要采用更为正式和礼貌的沟通方式；而在非正式场合中，则可以采用更为随意和亲切的沟通方式。

综上所述，沟通适应理论为人们提供了一种理解和应对跨文化沟通挑战的新视角。它强调沟通双方需要相互适应、不断调整自己的沟通方式，以实现有效沟通。在未来的沟通实践中，人们可以借鉴沟通适应理论的理念和方法，不断提高自己的跨文化沟通能力，以更好地适应全球化的沟通需求。

三、媒体丰富度理论

媒体丰富度理论，又称为信息丰富度理论，是 Daft 和 Lengel 于 1984 年（或 1986 年，具体年份存在不同说法）首次提出的。这一理论主要探讨不同媒介在传播信息时的能力差异，即媒介的丰富度。媒介的丰富度不仅是一个客观属性，还代表了媒介传播信息量及内容的能力，对用户在媒介的选择、传播过程及其任务结果产生重要影响。

媒体丰富度理论主要包含四个核心要素：实时回馈能力、多渠道沟通提示、日常用语的使用以及个人对媒介的关注点。实时回馈能力指的是媒介能否允许问题得到实时响应及修改，如面对面沟通和电话沟通；多渠道沟通提示则涉及媒介能否传递多种线索，如声音、身体姿势、数字、文字以及图像等，这些有助于增强信息的丰富性和理解度；日常用语的使用使沟通更加自然和高效；而个人对媒介的关注点则影响其对信息的理解和接受程度。

媒体丰富度理论在组织沟通、远程教育、项目管理等多个领域具有广泛的应用场景。在处理复杂的组织冲突或解释新政策时，面对面会议或视频会议因其高丰富度而通常比电子邮件或报告更为有效。在远程教育中，为了提高学生的学习效果，教师可能会选择视频直播等丰富度较高的媒介来传递信息。

然而，媒体丰富度理论也面临一些挑战。对于简单任务而言，丰富媒介提供的信息过多可能导致认知负荷过大，反而影响沟通效果。同时，高丰富度媒介（如面对面会议、视频会议）往往需要较高的成本投入，包括时间、金钱和人力等。

随着信息技术的不断发展，新兴媒介不断涌现，媒体丰富度理论也将不断进化和完善。未来，该理论可能会更多地关注新兴媒介（如虚拟现实、增强现实等）在传播信息中的应用和效果评估。

四、社会临场感理论

社会临场感理论是现代沟通理论中的一个重要分支，它起源于 20 世纪 70 年代，由马里兰大学教授肖特、威廉姆斯和克里斯蒂等人提出。该理论强调，在利用媒体进行沟通过程中，一个人被视为"真实的人"的程度及与他人联系的感知程度被称为社会临场感。

社会临场感是一个复杂的概念，它涉及技术因素和社会因素的共同作用。不同的媒体在传达社会情感的言语和非言语线索方面具有不同的潜能，这些潜能影响着交互的本质和个体选择使用媒体的方式。例如，面对面交流通常被认为具有最高的社会临场感，而一些在线交流工具可能由于过滤掉了非语言信息，其社会临场感相对较低。

随着技术的发展，社会临场感理论的应用领域也在不断拓展。在通信领域，视频会议和在线交流系统的普及使研究者能够基于该理论设计更加人性化的交流系统，提高用户的交流体验。在社交领域，社交平台通过引入表情符号、动态等功能，增强了用户的社交临场感，使用户能够更加真实地感受到与他人的联系。

此外，社会临场感理论还在金融、教育等领域发挥着重要作用。例如，金融服务平台通过引入社交功能，提高了服务质量和用户体验；在线学习平台则通过优化社会临场感，激发了学生的学习兴趣和积极性。

未来，社会临场感理论有望在大数据、人工智能和物联网等领域发挥更大的作用。基于该理论的技术可以分析用户的语言、行为和兴趣，帮助企业更好地了解客户需求，优化产品设计和营销策略。同时，这些技术还可以用于解决一些复杂的社会问题，如社区治理、教育改革等。

综上所述，社会临场感理论为现代沟通理论的发展提供了重要的视角和思路。

第四节　现代理论视角下的沟通实践

【名人名言】

1. 君子和而不同，小人同而不和。

——孔子

2. 沟通是解决冲突的第一步。

——斯蒂芬·柯维

一、网络沟通模型的特点

在现代社会，网络沟通已经成为人们日常生活和工作中不可或缺的一部分。网络沟通模型的特点主要体现在以下几个方面。

（1）沟通便利与成本节约。网络沟通打破了时间和空间的限制，人们只需要将计算机连接到网络，即可实现即时沟通。这种沟通方式不仅节省了大量的时间和金钱成本，还提高了沟通的便捷性和效率，使沟通更具性价比。

（2）信息立体直观。与传统的书面沟通相比，网络沟通工具如微信、QQ 等提供了视频聊天功能，使沟通双方能够看到对方的表情和神态，使信息更加立体、直观。此外，网络还可以传输多媒体资料，进一步丰富了沟通的内容和形式。

（3）超时间性和超地域性。网络沟通具有强大的跨地域和跨时间能力。通过互联网，一台电脑可以将任何时间、任何地点的双方联系起来，使沟通不再受地域和时间的限制。例如，人们可以随时随地阅读来自世界各地的邮件，实现信息的即时传递和接收。

（4）高互动性。网络沟通使不同地方的沟通双方如同坐在同一会议室进行互动交谈。这种高互动性的沟通方式不仅提高了沟通的效率，还增强了双方之间的信任和合作。

综上所述，网络沟通模型以其便利、直观、跨时空和高互动性的特点，在现代社会中发挥着越来越重要的作用。它不仅改变了人们的沟通方式，还推动了社会的信息化进程，使人们的生活和工作更加便捷和高效。因此，在未来的发展中，网络沟通模型将继续发挥其独特的优势，为人们提供更加丰富的沟通体验。

二、跨文化沟通模型的应用

在现代全球化的背景下，跨文化沟通模型的应用显得尤为重要。这一模型不仅帮助人们理解不同文化背景下的沟通差异，还指导人们如何在多元文化环境中实现有效沟通。

跨文化沟通模型的核心在于理解文化差异对沟通的影响。例如，美国文化倾向于直接、明确的沟通方式，而中国员工则更习惯于间接、委婉的表达。这种文化差异使双方在沟通中产生了诸多误解和冲突。

为了克服这种障碍，跨文化沟通模型提出了相应的解决方案。

首先，增强文化差异意识，提高跨文化沟通能力。这需要人们在沟通前充分了解对方的文化背景，尊重彼此的文化差异，以开放的心态去理解和接纳不同的文化。

其次，在实践中，跨文化沟通模型鼓励人们采用多种沟通方式，以适应不同文化背景下的沟通习惯。例如，在与不同国家的商务沟通中，了解对方国家的主要习俗和文化背景，做到"入乡随俗"，可以有效提高沟通效果。

最后，跨文化沟通模型强调建立相互信任、相互理解的情感基础。在不同文化的沟通中，双方需要在诚信和平等的基础上展开对话与合作，通过积极的倾听和反馈，不断调整对事物的认知，最终达成共识。

综上所述，跨文化沟通模型的应用对于提高全球化背景下的沟通效率和质量具有重要意义。它不仅帮助人们理解文化差异对沟通的影响，还提供了有效的解决方案，指导人们在多元文化环境中实现有效沟通，促进国际合作与交流的发展。

三、团队沟通模型的有效性

在现代企业理论中，团队沟通模型的有效性是提升企业运作效率和团队协作能力的关键因素。多种沟通模型被广泛应用于企业团队管理中，以提高沟通效果、效率和降低成本。

PREP 模型是团队沟通中的一种有效工具。它通过结构化的表达方式，先阐明观点（P），再说明理由（R）和提供证据（E），最后重申观点（P），使沟通更加有逻辑性和说服力。在团队讨论、客户沟通和工作汇报中，PREP 模型能够确保信息的清晰传递，减少误解和歧义。

此外，SCRTV 模型为团队沟通提供了有效的框架。它要求明确问题（situation），提出疑问（conflict），分析原因（reason），进行决策（tactics），并强调价值（value）。这种模型有助于团队成员清晰地表达观点和想法，提高沟通效率和说服力，特别是在项目管理、销售谈判和团队协作中。

然而，团队沟通模型的有效性不仅仅取决于沟通模型的选择，还依赖于团队文化和氛围的营造。建立以尊重为基础的企业文化，打破等级制度，加强双向沟通，能够化解上下级之间的矛盾，提高团队凝聚力。同时，情绪管理和沟通技巧的培训也是提升团队沟通有效性的重要环节。

综上所述，团队沟通模型的有效性在现代企业理论中占据重要地位。通过选择合适的沟通模型，并结合企业文化和沟通技巧的培训，可以显著提升团队沟通的效果和效率。这不仅有助于团队成员之间的信息共享和协作，还能增强企业的整体竞争力和市场适应能力。因此，企业应重视团队沟通模型的应用和实践，不断优化沟通机制，促进团队的和谐发展。

四、危机沟通模型的重要性

在现代社会的快节奏与高压力环境下，危机事件频发，无论是在企业运营、社会管理还是个人生活中，都难免遭遇突如其来的挑战与困境。危机沟通模型作为现代理论视角下的一种重要工具，其重要性不言而喻。

危机沟通模型提供了一种系统化的应对框架，帮助组织或个人在危机发生时迅速识别问题、明确沟通目标、选择恰当的沟通渠道与策略，并有效传递信息以稳定局势、减少损失。如图 2-3 所示，通过这一模型，可以确保沟通内容的准确性、及时性和透明度，从而增强公众对组织或个人的信任与支持。

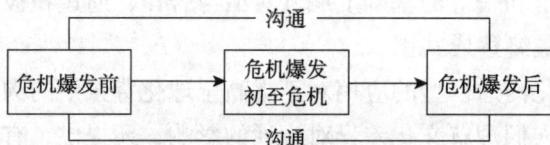

图 2-3　危机沟通模型

在危机管理中，时间就是生命。危机沟通模型强调快速反应与持续沟通，有助于在第一时间掌握舆论主导权，避免谣言与误解的扩散。同时，它还能促进内部团队之间的紧密协作，形成统一的应对口径与行动方案，提高整体应对效率。

此外，危机沟通模型还注重后续的恢复与重建工作。通过有效的沟通，可以收集各方反馈、总结经验教训，为未来的危机预防与管理提供宝贵参考。这不仅能够提升组织或个人的危机应对能力，还能在经历危机后实现更加稳健的发展。

综上所述，危机沟通模型在现代理论视角下的沟通实践中占据着举足轻重的地位。它不仅是应对危机的有力武器，更是提升组织或个人社会形象与公信力的重要途径。因此，深入学习与掌握危机沟通模型，对于每一个致力于在复杂多变的环境中稳健前行的人来说，都是一项不可或缺的能力。

简述题

1. 简述沟通模型的历史发展阶段及其特点。
2. 阐述循环式沟通模型的核心。
3. 说明媒体丰富度理论的主要内容及面临的挑战。
4. 试分析如何提升团队沟通模型的有效性。
5. 简述危机沟通模型的重要性及作用。

即测即练　　　　　本章案例分析

自学自测　　扫描此码　

第三章

沟通要素与障碍

学习目标

1. 掌握沟通的构成要素与基本原则，提高沟通素养；
2. 熟练操作信息传递技巧，提高解码能力；
3. 熟悉多种沟通渠道的使用场景与优化方法，扩展沟通版图；
4. 掌握受众心理规律，提升个性化沟通水平；
5. 诊断并解决沟通障碍，保证信息流畅，实现无障碍沟通。

第一节　沟通要素概述

【名人名言】

你所拥有的信息决定着你的决策。

——海因里希·冯·门格塔尔

一、信息的构成与分类

信息是沟通的核心要素，由内容、形式和载体三部分构成。内容指的是信息所传达的具体意义或数据；形式是信息表达的方式，如文字、图像或声音；载体则是信息传播的媒介，如纸张、电子屏幕等。

信息的分类多种多样。按内容性质，可分为事实性信息、意见性信息和情感性信息。事实性信息传递客观事实，意见性信息表达主观观点，而情感性信息则传递情感状态。按传递方向，信息可分为上行信息、下行信息和平行信息，分别对应着下级向上级汇报、上级向下级传达和同级间的交流。此外，按作用范围，信息还可分为内部信息和外部信息，前者在组织内部流通，后者则涉及与外部环境的交互。

深入理解信息的构成与分类，有助于人们更有效地进行沟通和信息传递。

二、沟通渠道的选择与特点

在沟通中，渠道的选择至关重要。不同的渠道具有各自的特点和适用场景。

口头沟通渠道，如面对面交谈或电话会议，能够即时反馈，便于情感交流，但信息可能不够持久，且易受环境干扰。书面沟通，如邮件、报告，信息保存时间长，条理清晰，但缺乏即时性，可能引发误解。

随着科技的发展，电子沟通渠道日益普及。即时通信工具如微信、钉钉，结合了口头与书面沟通的优点，既快速又便于记录。社交媒体则能扩大沟通范围，但信息真实性需审慎辨别。

选择沟通渠道时，需综合考虑信息的性质、紧迫性、受众特点以及成本效益。合适的渠道能确保信息准确、高效地传达，促进沟通双方的理解与合作。因此，根据具体情况灵活选择沟通渠道，是提升沟通效果的关键。

三、听众分析的重要性及方法

在沟通中，听众分析是不可或缺的一环。了解听众的背景、需求、兴趣及期望，能够确保信息传达的精准与有效。听众的差异性直接影响信息的接收与理解，因此，深入分析听众特征，是实现有效沟通的前提。

进行听众分析时，可采用多种方法。首先，通过问卷调查或访谈，直接收集听众的反馈与意见；其次，观察听众在非正式场合下的言行举止，以洞察其潜在需求与偏好；再次，利用数据分析工具，对听众的历史行为数据进行挖掘，以预测其可能的反应；最后，结合专业知识与经验，对听众的心理状态、认知水平进行预判，从而调整沟通策略。

综上所述，听众分析不仅关乎沟通的成败，更是提升沟通效率与质量的关键。掌握科学的分析方法，深入了解听众特征，将为沟通者提供有力的决策支持，助力信息的高效传递与理解。

四、有效沟通的基本原则

有效沟通是信息传递与理解的关键，其基本原则包括：

（1）清晰性。信息表达必须准确无误，避免含糊不清或产生歧义，确保信息被正确理解。

（2）及时性。沟通应迅速高效，避免信息滞后导致误解或决策失误。在快节奏的工作环境中，时效性是衡量沟通效果的重要指标。

（3）尊重性。尊重听众的观点、感受和需求，建立平等、开放的沟通氛围，有助于增进彼此的理解和信任。

（4）反馈性。有效的沟通是双向的，需要积极倾听对方的反馈，及时调整沟通策略，确保信息被准确接收并产生预期效果。

（5）适应性。根据沟通对象和情境的不同，灵活调整沟通方式和内容，以达到最佳的沟通效果。

遵循这些基本原则，可以显著提升沟通效率和质量，促进信息的有效传递与理解。

第二节　信息传递与解码

【名人名言】

谣言会把人们所恐惧的敌方军力增加一倍，正像回声会把一句话化成两句话一样。

——莎士比亚

一、信息传递的过程

信息传递是一个复杂而精细的过程，涉及多个关键步骤。信息源（信息的发起者）通过编码将思想、情感或数据转化为可传递的符号或信号。这些符号或信号可以是文字、语言、图像或任何其他形式的表达。随后，信息通过选定的渠道进行传输，这些渠道可以是口头的、书面的，也可以是电子的，如电话、电子邮件或社交媒体。

在传输过程中，信息可能会受到各种因素的影响，但其核心目的是要准确地到达预定的听众或接收者。接收者在接收到信息后，会进行解码，即将符号或信号还原为原始的思想、情感或数据。这一解码过程同样需要一定的知识和技能，以确保信息的准确理解。

信息传递的成功与否，不仅取决于编码和解码的准确性，还受到信息传递渠道的质量和效率的影响。

二、信息编码与解码的技巧

在信息传递的过程中，编码与解码是至关重要的环节。编码是指将信息转化为易于传递的形式，如语言、文字或图像等，而解码则是接收者将这些形式还原为原始信息的过程。

编码技巧主要包括清晰表达、准确用词和逻辑结构。清晰表达能确保信息易于理解，避免歧义；准确用词能传递精确信息，避免误解；逻辑结构则能引导接收者顺畅地理解信息，提高信息传递效率。

解码技巧则侧重于专注倾听、积极思考和反馈验证。专注倾听能确保接收者完整接收信息；积极思考有助于理解信息背后的意图和含义；反馈验证则通过提问或复述等方式，确保信息被正确理解。

掌握这些技巧，不仅能提升信息传递的准确性，还能增强双方的沟通效果，促进信息的有效流通与利用。在信息爆炸的时代，良好的编码与解码能力更是成为个人与组织不可或缺的竞争优势。

三、信息失真的原因及防范措施

信息失真是指在信息传递过程中，由于各种原因导致的信息内容、意义或价值的改变或损失。其主要原因包括信息传递者的主观故意篡改、无意误解，以及信息传递渠道的不完善或受到干扰。此外，信息接收者的理解能力、背景知识和解码方式也会影响信息的准确性。

为防范信息失真，可采取以下措施。首先，确保信息传递者的专业素养和诚信度，减少主观因素的影响；其次，优化信息传递渠道，采用可靠、高效的信息技术手段，确保信息的完整性和准确性；再次，提高信息接收者的解码能力，通过培训和教育增强其理解和应用信息的能力；最后，建立信息反馈机制，及时发现并纠正信息失真问题，确保信息传递的连续性和有效性。通过这些措施，可以有效降低信息失真的风险，提升信息传递的质量和效率。

四、反馈机制在沟通中的作用

在沟通过程中，反馈机制扮演着至关重要的角色。如表 3-1 所示，反馈机制不仅能够帮助发送者确认信息是否被准确接收和理解，还能够及时调整沟通策略，确保信息的有效传递。

表 3-1　反馈机制在沟通中的作用

作　用	详　情
确认信息传递效果	帮助发送者确认信息是否被准确接收与理解，避免信息偏差。例如，工作部署中，领导下达任务，通过下属反馈可判断任务要点是否传达到位
调整沟通策略	依据反馈，发送者能及时优化信息内容、表达方式等。例如，教师授课时，根据学生的课堂反应、提问反馈，调整教学节奏与讲解重点
增强互动性	让沟通双方联系更紧密，发送者借此了解听众反应。例如，朋友聊天，一方及时回应另一方的分享，聊天氛围更热络
评估沟通成效	反映沟通是否达成预期，有无误解。以商业谈判为例，双方对条款提出的反馈能呈现谈判进度与问题
优化流程	基于反馈共同找寻改进方法，提升沟通效率。例如，客服与客户沟通后，依据客户意见优化服务话术与流程
建立良好机制要点	发送者主动寻求、倾听反馈；听众积极表达看法感受。日常交流、商务洽谈等场景都需要双方配合实现高效沟通

反馈能够增强沟通的互动性，使双方建立起更加紧密的联系。通过及时的反馈，发送者可以了解到听众的反应和意见，进而对信息进行补充或修正，以提高沟通效果。

同时，反馈也是评估沟通成效的重要手段。有效的反馈能够反映沟通是否达到了预期目标，是否存在误解或偏差。基于这些反馈，沟通双方可以共同寻找解决方案，优化沟通流程。

因此，在沟通中建立良好的反馈机制至关重要。这要求发送者主动寻求并认真倾听反馈，同时也需要听众积极参与，勇于表达自己的看法和感受。只有这样，沟通才能更加顺畅、高效，实现信息的真正共享和理解。

第三节　沟通渠道的运用与优化

一、口头沟通渠道的优势与局限

口头沟通渠道具有即时反馈、情感传递和灵活应变等优势。它允许双方即时交流，迅速理解对方意图，并在沟通中传递丰富的情感和态度。此外，口头沟通还能根据现场情况灵活调整，有效应对突发状况。

然而，口头沟通也存在局限。信息可能因记忆不准确或语言差异而失真，且难以留下持久记录，不便于后续查阅和核实。此外，面对面沟通时，非语言因素如表情、肢体语言等可能影响信息传递的准确性，甚至引发误解。因此，在运用口头沟通渠道时，需充分考虑其优势与局限，以确保沟通效果。

二、书面沟通渠道的特点与适用场景

书面沟通渠道以其独特的形式和优势，在多种场景中发挥着重要作用。其特点主要体现在信息的准确性和持久性上。书面记录能够清晰、准确地传达信息，且易于保存和查阅，有助于信息的长期保存和追溯。

适用场景方面，书面沟通常用于正式文件、报告、合同等需要明确责任和义务的场合。当需要详细阐述观点、提供充分证据或进行复杂说明时，书面沟通也更具优势。此外，当沟通双方不在同一地点或时间不便时，书面沟通能够跨越时空限制，实现信息的有效传递。

然而，书面沟通也存在一定的局限性，如缺乏即时反馈和情感表达等。因此，在选择沟通渠道时，需要根据具体情境和需求进行权衡，确保信息的有效传递和沟通目标的实现。

三、电子沟通渠道的发展与挑战

随着科技的飞速发展，电子沟通渠道已成为现代沟通的重要组成部分。电子邮件、即时通信、视频会议等电子沟通方式，不仅极大地提高了沟通效率，还打破了地域限制，使全球范围内的交流变得轻而易举。

然而，电子沟通渠道也面临诸多挑战。信息的海量性使筛选和辨别真伪变得困难，而网络安全问题更是让人担忧。此外，过度依赖电子沟通可能导致沟通缺乏真实感和深度，甚至在某些情况下，由于沟通双方的误解或不当表达，可能引发不必要的冲突。

因此，在运用电子沟通渠道时，我们需要不断提高自身的信息素养和网络安全意识，学会有效筛选和过滤信息，确保沟通的质量和效率。同时，也要注重培养面对面的沟通能力，以弥补电子沟通的不足，实现更加全面和深入的交流。

四、多渠道沟通的整合策略

在沟通渠道的运用与优化中，多渠道沟通的整合策略显得尤为重要。为实现信息的有效传递与接收，企业或个人需综合考虑不同渠道的特点与优势，制定科学的整合方案。

首先，应明确沟通目标，确保所选渠道能够精准触达目标听众。其次，要深入分析各渠道的覆盖范围、传播速度及受众特点，以实现优势互补。在整合过程中，需要注重信息的统一性与协调性，避免渠道间的信息冲突与冗余。最后，还需要建立有效的监测与反馈机制，及时评估多渠道沟通的效果，并根据反馈结果进行动态调整与优化。通过持续优化沟通渠道与整合策略，可提升信息传递的效率与质量，进而实现沟通目标。

总之，多渠道沟通的整合策略是实现高效沟通的关键所在，需在实践中不断探索与完善。

第四节　听众心理与行为分析

一、听众的心理需求与特点

在沟通中，听众的心理需求至关重要。他们渴望信息准确、清晰，能够迅速理解并应用于实际。同时，听众也期望沟通者能够尊重其观点，给予充分的表达空间，实现双向互动。

听众的特点同样不容忽视。他们可能来自不同的背景，拥有不同的知识水平和兴趣偏好。因此，沟通者需要灵活调整沟通策略，以适应不同听众的需求。

为了满足听众的心理需求，并充分考虑其特点，沟通者应在沟通前进行充分的听众分析，了解他们的期望、疑虑和关注点。在此基础上，选择合适的沟通方式、语言和语气，以确保信息能够准确、有效地传达给每一位听众，实现沟通的最佳效果。

二、听众行为的影响因素

听众行为在沟通过程中受多种因素的影响。

首先，个人背景与经验是至关重要的。不同的听众因成长环境、教育背景及生活经历的不同，对信息的理解和反应也存在差异。这些背景因素决定了听众的认知框架和偏好，从而影响其对信息的接受度和行动倾向。

其次，情感状态也是不可忽视的一环。听众的情绪状态会直接影响其信息处理的方式和效率。积极的情绪有助于信息的积极接收与反馈，而消极情绪则可能导致沟通障碍。

最后，社会环境同样对听众行为产生深远影响。群体压力、社会规范及文化习俗等因素会塑造听众的价值观和行为准则，进而影响其在沟通中的表现和选择。

综上所述，听众行为是多种因素交织的结果，深入理解这些因素对于提升沟通效果至关重要。

三、听众分类与针对性沟通策略

在沟通中，听众的多样性要求人们采取针对性的沟通策略。听众可按其背景、兴趣、需求等因素进行分类。例如，对于技术背景的听众，人们应使用专业术语和详细数据来展现沟通的深度；而对于非技术背景的听众，则应采用通俗易懂的语言和生动的例子来传达核心信息。

针对不同类别的听众，沟通方式也需作出相应调整。对于决策者，应突出沟通的重点和价值，以助其快速做出判断；对于执行者，则应提供具体的操作步骤和注意事项，以确保沟通的有效实施。此外，对于不同文化背景的听众，还应考虑文化差异，采用合适的沟通方式和礼仪，以避免误解和冲突。

总之，通过深入了解听众的特点和需求，并据此制定针对性的沟通策略，人们可以更有效地传递信息，实现沟通的目标和价值。这不仅是沟通艺术的体现，更是实现高效协作和共赢的关键。

四、激发听众兴趣与参与度的方法

在沟通中，激发听众的兴趣与参与度至关重要。为实现这一目标，可运用以下方法。首先，采用生动有趣的故事或案例引入主题，让听众在轻松的氛围中进入沟通情境；其次，通过提问、讨论或小组活动等形式，让听众积极参与其中，增强其代入感和参与感；再次，运用直观的图表、动画或视频等多媒体手段，将复杂信息简化呈现，提升听众的理解与兴趣；最后，保持沟通内容的实用性和针对性，确保听众能从中获得有价值的信息或启示，从而进一步激发其学习和交流的热情。通过这些方法，可有效提升沟通效果，促进听众的积极参与和深度互动。

第五节　噪声与干扰的识别与应对

一、噪声与干扰的定义及来源

在沟通过程中，噪声与干扰是不可避免的因素，它们严重影响了信息的准确传递和理解。噪声通常指那些阻碍或歪曲信息传递的声音、图像或其他信号，它可能来自外部环境，如嘈杂的谈话声、机器轰鸣等，也可能源于内部心理，如个人的情绪波动、注意力不集中等。

干扰则是指任何打断或分散沟通双方注意力的事物，它可能表现为物理上的阻碍，如设备故障、网络延迟等，也可能是心理上的，如思维跳跃、情绪干扰等。这些干扰因素会削弱沟通效果，甚至导致沟通失败。

因此，在沟通中识别并应对噪声与干扰至关重要。只有明确了它们的定义及来源，人们才能采取有效的措施来减少其负面影响，确保沟通顺畅、信息准确。在接下来的内容中，将进一步探讨如何识别并应对这些噪声与干扰。

二、外部噪声与干扰的应对措施

在沟通过程中，外部噪声与干扰往往难以避免，但也可以采取一系列应对措施来减轻其影响。首先，选择适宜的沟通环境和时间至关重要，应尽量避开嘈杂或易产生干扰的场所和时段，确保沟通双方能够集中注意力。其次，利用技术手段进行噪声屏蔽，如佩戴降噪耳机、使用隔音设备等，可以有效隔绝外界噪声。再次，提高沟通效率也是关键，通过精简语言、明确重点，减少因冗长沟通而带来的潜在干扰。同时，培养自身的抗干扰能力，学会在复杂环境中保持专注，也是应对外部噪声与干扰的有效方法。最后，建立反馈机制，及时识别并处理沟通中的干扰问题，确保信息能够准确无误地进行传递。通过这些措施，人们可以更好地应对外部噪声与干扰，提升沟通效果。

三、内部噪声与干扰的克服方法

在沟通过程中，内部噪声与干扰往往源自个人心理、思维定式及团队文化等因素。为有效克服这些障碍，先要提升自我认知，明确个人情绪状态，通过情绪管理技巧减少情绪波动对沟通的影响。同时，培养批判性思维，避免思维定式导致的信息解读偏差，积极寻求多角度、多层次的沟通视角。

此外，营造开放包容的团队氛围至关重要。鼓励团队成员表达不同意见，通过定期的团队培训和交流会议，增强团队凝聚力，减少内部误解和冲突。对于因组织结构复杂导致的沟通障碍，应优化内部沟通流程，确保信息在各部门间顺畅传递。

通过上述方法，可显著提升内部沟通效率，降低内部噪声与干扰对沟通效果的不良影响，为组织发展创造更加和谐、高效的沟通环境。

四、提高沟通抗干扰能力的途径

在复杂多变的沟通环境中，提高抗干扰能力是确保信息有效传递的关键。首先，强化信息编码能力，确保发送的信息清晰、准确，减少误解的可能性。其次，培养敏锐的环境感知力，及时识别并适应不同的沟通场景，灵活调整沟通策略。再次，加强情绪管理能力，保持冷静与理性，避免因情绪波动而干扰沟通进程。同时，提升倾听技巧，专注接收并理解对方信息，减少外界噪声的干扰。最后，建立反馈机制，及时获取并处理沟通中的反馈信息，不断优化沟通策略，提高抗干扰效果。通过这些途径，我们可以在各种噪声与干扰中保持沟通的清晰与高效，确保信息的准确传递与接收。

第六节　沟通障碍的诊断与排除

【名人名言】

1. 现实生活中有些人之所以会出现交际的障碍，就是因为他们不懂得或者忘记一个重要的原则：让他人感到自己重要。

——戴尔·卡耐基

2. 有效的沟通取决于沟通者对议题的充分掌握，而非措辞的甜美。

——葛洛夫

一、常见沟通障碍的类型与成因

在沟通过程中，常见障碍主要分为四种类型，即语言障碍、文化障碍、心理障碍和技术障碍。语言障碍往往源于表达不清或理解偏差，导致信息传递失真；文化障碍因文化背景和价值观差异而产生，影响信息的准确解读；心理障碍如恐惧、抵触等情绪，会阻碍沟通的顺利进行；技术障碍如沟通工具的不当使用或故障，也会干扰信息传递。

这些障碍的成因多样。语言障碍可能源于个人表达能力有限或语言背景不同；文化障碍可能源于缺乏对彼此文化的理解和尊重；心理障碍往往源于个人经历和情感反应；技术障碍则与设备状况和使用者的技术水平有关。

了解沟通障碍的类型与成因，有助于人们更有效地诊断沟通中的问题，从而采取针对性的措施加以排除。

二、沟通障碍对信息传递的影响

沟通障碍在信息传递过程中扮演着破坏者的角色，它们如同无形的墙，阻碍着信息的顺畅流通。当沟通障碍存在时，信息的完整性、准确性和及时性都会受到严重影响。

具体而言，沟通障碍可能导致信息在传递过程中出现失真或遗漏，使接收者无法获得完整的信息内容。同时，障碍还可能引发误解和歧义，使信息的真实意图被曲解或忽视。此外，沟通障碍还会降低信息传递的效率，使信息无法及时到达目标受众，从而影响决策的制定和执行。

因此，识别和克服沟通障碍是确保信息传递有效性的关键。只有深入分析障碍的根源，并采取有效的措施加以解决，人们才能确保信息在沟通过程中保持其原有的价值和意义，从而实现沟通的目标和效果。在后续的章节中，将进一步探讨如何诊断与排除这些沟通障碍。

三、诊断沟通障碍的方法与步骤

在探讨沟通障碍的诊断时，关键在于系统性地识别与分析问题所在。第一，应全面收集沟通过程中的信息，包括沟通内容、方式、反馈等，以明确障碍的具体表现。第二，深入剖析沟通渠道的有效性，检查是否存在信息传递不畅或误解的环节。同时，对听众的反应进行细致分析，了解他们的期望与需求是否得到满足。

在此基础上，运用问卷调查、访谈等科学方法，进一步挖掘潜在障碍。此外，还需关注沟通环境中的噪声与干扰因素，它们往往容易被忽视却对沟通效果产生重大影响。综合以上分析，形成诊断报告，明确障碍的根源，并提出针对性的排除策略。这一过程要求诊断者具备敏锐的观察力与分析能力，以确保沟通的顺畅与高效。

四、有效排除沟通障碍的策略与技巧

在沟通中遇到障碍时，采取有效策略与技巧至关重要。第一，明确并尊重双方的沟通需求与期望，建立共同的沟通基础。第二，提升信息表达的清晰度与准确性，避免使用模糊或易引起误解的词汇，确保信息传达无误。同时，积极倾听与反馈，理解对方观点，及时回应疑问与关切，增强沟通的互动性。

此外，选择适宜的沟通渠道与环境，减少噪声与干扰，为沟通创造良好条件。面对文化差异与误解，采取包容与学习的态度，增进相互理解。对于沟通中的冲突，采取冷静与理性的处理方式，寻求双赢的解决方案。

综上所述，有效排除沟通障碍需要综合运用多种策略与技巧，从信息、渠道、听众及环境等多方面入手，不断优化沟通过程，提升沟通效果，实现信息的顺畅传递与理解。

简述题

1. 简述有效沟通的基本原则。
2. 阐述信息编码与解码的技巧及重要性。
3. 分析电子沟通渠道的发展与挑战。
4. 说明如何提高沟通抗干扰能力。
5. 简述诊断沟通障碍的方法与步骤。

即测即练　　　　　本章案例分析

自学自测　　扫描此码　　　

第二部分

技能与技巧

第四章

听与说的艺术

学习目标

1. 洞察听与说在沟通中的核心地位及其相互影响；
2. 掌握主动倾听与反馈的艺术，提升双向沟通能力；
3. 磨砺清晰表达技巧，避免误解与歧义；
4. 学会说服的艺术，提升话语感染力与领导力；
5. 融合理论与实践，将听说技能应用于日常交往，增强个人魅力与影响力。

第一节　听与说的艺术概述

【名人名言】

1. 智慧就在于说出真理，按照自然行事，倾听自然的话。

——赫拉克利特

2. 所谓的耳聪，也就是倾听的意思。

——艾默生

一、听与说在沟通中的重要性

在人际交往与职场互动中，听与说无疑是沟通的核心要素，它们共同编织着信息交流的经纬，维系着人与人之间的理解和联系。倾听，不仅是耳朵对声音的接收，更是心灵对情感的共鸣与理解的开始。主动倾听能够展现对他人的尊重与关心，帮助自己准确把握对方的真实意图和需求，为有效沟通奠定坚实基础。

而清晰的表达，则是将自己的思想、情感准确无误地传达给他人的桥梁。它要求人们在遣词造句时既要注重语言的逻辑性，又要兼顾情感的适宜性，以确保信息接收者能够准确无误地理解信息发送者的意图。清晰有力的表达不仅能增强信息的可信度，还能提升个人的说服力和影响力。

听与说相辅相成，构成了沟通的双向互动。有效的倾听能激发更深层次的对话，而精准的表达则能确保对话的成效。在快节奏、高压力的现代社会，掌握听与说的艺术，不仅能够促进人际关系的和谐，还能在职场上赢得更多的信任与支持，为个人成长与事业发展铺设坚实的道路。

二、听与说的相互关系及影响

在人际交往中，听与说如同硬币的两面，相辅相成，缺一不可。它们之间存在着密切且微妙的相互关系，共同影响着沟通的效果与质量。

倾听是说话的前提和基础。有效的倾听能够让己方更好地理解对方的观点和需求，从而做出更为恰当和贴切的回应。通过倾听，己方能够捕捉到对方言语中的细节和情感，进而建立起更为深入和真诚的交流。

而说话则是倾听的延伸和反馈。清晰、准确的表达能够确保己方的意图和信息被对方正确理解，从而实现有效的沟通。同时，有说服力的言辞能够增强己方的影响力，使对方更愿意接受己方的观点和建议。

听与说的相互关系还体现在它们对沟通氛围的塑造上。积极的倾听和表达能够营造出和谐、开放的沟通环境，促进双方之间的信任与合作。相反，如果忽视了听与说的平衡，就可能导致沟通障碍和误解的产生。

因此，在人际交往中，人们应当注重培养自己的倾听和表达能力，使它们能够相互协调、相互促进，共同提升沟通水平。

三、提高听说能力的意义

在日常生活和工作中，具备听与说的能力是彼此沟通交流的基础。提高听说能力，不仅关乎个人素质的提升，更对职业发展和社会交往产生深远影响。

从个人层面来看，良好的听力使我们能够准确捕捉他人的观点和情感，从而更好地理解他人、建立信任。而清晰、有说服力的表达能力，则能帮助我们更有效地传达自己的思想和意图，减少误解和冲突。

在职场上，高效的听说能力更是不可或缺的软实力。无论是团队协作、项目汇报还是商务谈判，都需要相关人员具备敏锐的听力和流畅的口才。只有提高听说能力，才能够更好地与同事、客户和合作伙伴沟通，推动工作的顺利进行，实现个人和团队的共同成长。

此外，在全球化日益加深的今天，跨文化交流已成为常态。提高听说能力，还能帮助人们跨越语言和文化障碍，与来自不同背景的人建立联系，拓宽视野，增进相互理解和尊重。

因此，提高听说能力不仅关乎个人成长和职业发展，更是适应现代社会、促进跨文化交流的重要基石。

四、培养良好的听与说习惯的方法

在日常生活和工作中，良好的听与说习惯是人际交往的基石。要培养良好的听与说习惯，可以从以下几个方面着手。

首先，保持专注和尊重。在倾听时，要全神贯注，避免分心或打断对方，以展现出对对方的尊重和理解。同时，通过点头、微笑等肢体语言给予对方积极的反馈，让对方感受到被重视。

其次，培养耐心和同理心。在对方表达观点时，即使与自己的意见不同，也要保持耐心，尝试站在对方的角度理解其想法和感受。这有助于建立更深层次的沟通，促进彼此之间的理解和信任。

再次，注重清晰表达。在说话时，要条理清晰、言简意赅，避免冗长和含糊不清的表达。同时，注意语速和音量，确保对方能够轻松理解自己的意思。

最后，勇于接受反馈并持续改进。在与对方交流的过程中，要勇于接受对方的建议和批评，并将其作为改进自己听说能力的契机。通过不断学习和实践，逐步提升自己的沟通技巧和表达能力。

综上所述，培养良好的听与说习惯需要人们在日常生活中不断努力和实践，以提升自己的沟通能力和人际交往水平。

第二节 主动倾听的技巧

【名人名言】

没人能在不倾听他人意见的情况下获得成功。

——贝尔纳德·巴尔乔伊

一、倾听的定义与层次

倾听，作为沟通中的关键一环，其本质在于全神贯注地接收并理解对方传递的信息。如图 4-1 所示，倾听不仅仅是耳朵对声音的接收，更是心灵对情感的共鸣与理解。倾听不仅仅是听对方说了什么，更重要的是理解其言外之意、弦外之音，以及隐藏在话语背后的情绪与需求。

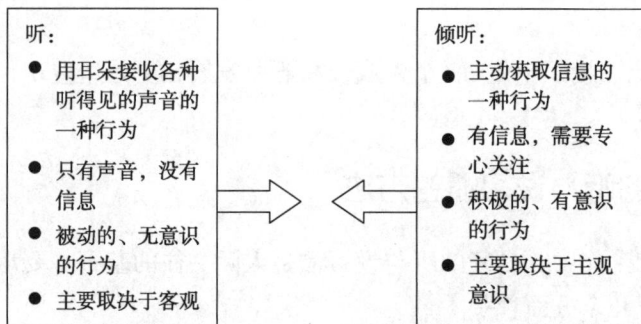

图 4-1　听与倾听的区别

倾听的层次可以分为三个主要阶段：表面倾听、理解倾听和共鸣倾听。表面倾听指的是仅停留在对方话语的字面意思上，未能深入挖掘其深层含义；理解倾听要求听者能够透过现象看本质，把握对方话语中的核心观点和情感色彩；共鸣倾听则是倾听的最高境界，它要求听者能够设身处地地理解对方的感受，与之产生情感上的共鸣，从而建立更深层次的情感连接。

在主动倾听的过程中，人们需要不断提升自己的倾听层次，从表面倾听逐步过渡到理解倾听，最终达到共鸣倾听的境界。只有这样，才能真正做到"听其言，知其意，感其情"，从而在沟通中更加准确地把握对方的真实意图，为有效的反馈与回应打下坚实的基础。

二、主动倾听的表现与优势

主动倾听不仅是一种技巧，更是一种尊重他人、展现个人修养的体现。在主动倾听的过程中，倾听者会全神贯注地关注对方的言语，并通过点头、微笑等肢体语言给予对方积极的反馈，展现出对对方话语的重视和尊重。

主动倾听的优势在于，它能够增强沟通双方的信任感。当一方感受到另一方在认真倾听自己的话语时，会更容易敞开心扉，分享更多的想法和感受。这种信任感的建立，为后续的深入交流和合作奠定了坚实的基础。

此外，主动倾听还能提高沟通的效率和质量。通过准确捕捉对方话语中的关键信息，倾听者能够更快速地理解对方的意图和需求，从而做出更为恰当的回应。这种高效的沟通方式，有助于减少误解和冲突，促进双方达成共识和协作。

因此，无论是在职场交流、朋友聚会还是家庭沟通中，人们都应该注重培养主动倾听的习惯。只有通过不断提升自己的倾听技巧，才能够更好地理解他人，并在人际交往中展现出更加成熟和自信的形象。

三、有效倾听的障碍及克服方法

在主动倾听的过程中，常会遇到一些障碍，这些障碍可能源于自身，也可能来自外部环境。常见的障碍包括思维定势、情绪干扰、信息过载以及沟通环境不佳等。

思维定势会限制倾听者的理解力，使倾听者难以跳出既定框架去倾听他人的观点；

情绪干扰可能让倾听者在倾听时带有偏见，无法客观接收信息；信息过载会导致倾听者注意力分散，无法专注于对方的言语；而沟通环境不佳，如噪声干扰、光线不足等，也会严重影响倾听效果。

要克服这些障碍，倾听者需要保持开放的心态，不断拓宽自己的思维视野。同时，学会管理情绪，保持冷静和理性，避免情绪干扰判断。在信息量较大时，倾听者可以通过记录、总结等方式，帮助自己更好地理解和吸收信息。此外，优化沟通环境也是提高倾听效果的重要手段，如选择安静、舒适的场所进行交谈，确保双方都能专注于对话。

通过不断练习和改进，倾听者可以逐渐克服这些障碍，提高倾听的质量和效率，从而更好地理解和回应他人的需求和感受。

四、倾听中的反馈策略

在主动倾听的过程中，反馈策略是确保沟通顺畅、增进理解的关键环节。有效的反馈不仅能够表明你在认真倾听，还能促进对方更深入地表达。

一种常见的反馈策略是点头或简短的语言回应，如"嗯""我明白了"等，这些都能让对方感受到你的关注和理解。同时，保持眼神交流也是非常重要的，它能传递出你的真诚和专注。此外，适时地复述或总结对方的观点，可以帮助你确认是否准确理解了对方的意思，同时也能让对方感受到你的尊重和重视。如果发现理解有误，应立即澄清，避免沟通中的误解和隔阂。

在反馈时，还需注意语气和态度的把握。不要打断对方的讲话，即使你有不同的看法，也应等待对方表达完毕后再提出。同时，保持开放和接纳的态度，不要过早地下结论或做出判断，以免阻碍对方的表达。

总之，倾听中的反馈策略是沟通艺术中不可或缺的一部分。通过有效的反馈，人们可以更好地理解和支持对方，从而建立起更加紧密和信任的关系。在日常生活和工作中，人们应不断练习和完善这些策略，让沟通变得更加顺畅和高效。

第三节　反馈的艺术

【名人名言】

1. 如果希望成为一个善于谈话的人，那就先做一个注意倾听的人，并且要适时给出反馈，让对方知道你在用心。

——卡耐基

2. 反馈是成长的关键，当你听到它的时候，别把它当作批评，而是当作一种指引。

——托尼·罗宾斯

一、反馈的定义及重要性

反馈，简而言之，就是信息接收者对信息传递者所传达的信息做出的反应或回应。在沟通与交流的过程中，反馈扮演着至关重要的角色。它不仅是确保信息被正确理解和接收的关键环节，还是促进双方关系和谐、增强沟通效果的重要手段。

通过反馈，信息传递者可以了解接收者是否准确理解了信息的意图和内容，从而根据实际情况做出必要的调整或解释。同时，反馈也是接收者表达自身观点和感受的渠道，有助于信息传递者更好地把握接收者的需求和期望，进而优化沟通策略。

此外，有效的反馈还能够激发接收者的积极性和参与度，增强其对信息的认同感和归属感。在团队合作、教育培训、人际交往等场景中，积极的反馈更能够营造积极向上的氛围，促进成员间的相互信任和支持。

因此，掌握反馈的艺术，不仅能够提升个人的沟通效率和质量，还能够在更广泛的社交和职业领域中发挥积极作用，助力个人成长和事业发展。

二、正面反馈的技巧与实例

在人际交往中，正面反馈如同温暖的阳光，能够照亮他人的心灵，激发其内在潜能。掌握正面反馈的技巧，不仅能够增进彼此之间的情感交流，还能有效促进团队合作和个人成长。

正面反馈的关键在于真诚与具体。第一，要确保你的反馈是发自内心的真诚赞赏，而非敷衍了事。第二，具体指出对方做得好的地方，比如"你在这个项目中的创新思维让我印象深刻"，这样的反馈比简单的"你做得不错"更具激励效果。

实例方面，当同事完成了一项艰巨的任务时，你可以这样说："你真的太棒了！这次项目的成功，离不开你辛勤的努力和卓越的领导力。特别是你在解决突发问题时所展现出的冷静和智慧，让我深受启发。"这样的正面反馈既表达了对同事的认可，又具体指出了其值得学习的优点。

总之，正面反馈是一种强大的沟通技巧，它能够激发人们的积极性和创造力。通过真诚而具体的正面反馈，人们不仅能够营造出更加和谐的人际关系，还能在团队中培养出更多的正能量。

三、负面反馈的策略与注意事项

在沟通中，负面反馈往往难以避免，但恰当的处理方式能够减少冲突，促进双方的理解与成长。策略上，应采取温和而直接的方式，避免情绪化的语言，用事实说话，让对方明确问题所在。同时，保持开放和尊重的态度，让对方感受到你的反馈是出于善意和帮助，而非指责和批评。

在给予负面反馈时，还应注意时机与环境的选择。确保在双方都有时间和精力进行深入讨论的情况下进行，避免在公共场合或紧张的氛围中提及敏感话题。此外，提供具体的改进建议比单纯指出问题更为重要，这有助于对方明确努力方向，感受到被支持和重视。

同时，要保持耐心和同理心，倾听对方的解释和感受，给予其充分的表达空间。负面反馈不应成为一次性的交流，而应成为持续改进和共同成长的过程。

总之，负面反馈的艺术在于平衡直接性与敏感性，通过建设性的对话促进双方的相互理解和进步。掌握这一艺术，不仅能够帮助人们在职场和生活中更有效地沟通，还能增进人际关系，提升团队凝聚力。

四、如何接收并应对他人的反馈

在沟通与交流的过程中，接收并妥善应对他人的反馈同样至关重要。一个懂得倾听并善于从反馈中汲取营养的人，往往能在职场和生活中走得更远。

当接收到他人的反馈时，首先要保持开放和谦逊的态度。无论反馈是正面还是负面，都应视为自己成长和提升的宝贵机会。不要急于反驳或辩解，而是静下心来，认真倾听对方的观点和建议。在接收完他人反馈后，要学会分析和消化。思考哪些部分是自己确实存在的问题，哪些是可以改进和提升的方面。同时，也要保持自信和定力，不被负面反馈所击垮，而是将其转化为前进的动力。

应对反馈时，要积极采取行动。根据反馈的内容，制订具体的改进计划，并付诸实践。同时，也要保持与反馈者的沟通，及时反馈自己的进展和成果，以获取更多的指导和支持。

总之，接收并应对他人的反馈是一门重要的沟通艺术。它需要人们保持开放的心态、敏锐的思维和积极的行动。只有这样，人们才能在不断的反馈与改进中，实现自我成长和突破。

【名人名言】

1. 真正的领导者会接受来自任何人的反馈，尤其是那些在真理中毫无伪装的人。

——约翰·C.马克思

2. 接受反馈是一种勇气，因为它暴露了你的薄弱点。但它也是一种力量，因为它能帮助你修正错误。

——约翰·麦克唐纳德

3. 不要把反馈当成是对你个人的攻击，而是把它当成是对你行为的指导。

——约翰·L.卡修斯

第四节　清晰表达的基础

一、语言表达的原则与要求

在清晰表达的过程中，遵循一定的语言表达原则与要求至关重要。常见的语言表达如表 4-1 所示。

首先，准确性是语言表达的基石。无论是口头表达还是书面表达，都必须确保用词精准，避免歧义，使信息传达无误。这要求人们在选择词汇时须深思熟虑，确保每个词语都能准确反映想要表达的意图。

其次，简洁性同样不可忽视。冗长复杂的句子往往让人难以抓住重点，而简洁明了的表达则能迅速吸引听众或读者的注意力。因此，人们应尽量用简短有力的句子传递信息，避免不必要的修饰和重复。

再次，逻辑性是确保表达连贯的关键。信息应按照合理的顺序和逻辑结构进行组织，以便听众或读者能够轻松理解说话者的思路。这需要人们在写作或演讲前进行充分的构思和规划，确保内容条理清晰、层次分明。

最后，适应性也是语言表达中不可或缺的一环。人们应根据不同的场合、对象和目的调整表达方式，以确保信息能够得到有效传递。这要求人们具备敏锐的观察力和灵活的应变能力，以适应不断变化的环境和需求。

表 4-1　常见的语言表达的原则

原　则	描　述
准确性	确保用词精准，避免歧义， 深思熟虑选择词汇，准确反映意图
简洁性	避免冗长复杂的句子， 使用简短有力的句子传递信息， 避免不必要的修饰和重复
逻辑性	信息按合理顺序和逻辑结构组织， 确保内容条理清晰、层次分明
适应性	根据不同场合、对象和目的调整表达方式， 具备敏锐的观察力和灵活的应变能力

二、清晰表达的构成要素

如图 4-2 所示，在探讨清晰表达时，我们不得不关注其构成要素，这些要素共同构成了有效沟通的基石。

首先，逻辑清晰是表达的核心。无论是口头表达还是书面表达，都需要有一个明确的主题，以及围绕这一主题展开的条理清晰的论述。逻辑连贯的句子和段落能够引导听众或读者跟随你的思路，理解你的观点。

其次，语言准确同样至关重要。选择恰当的词汇和表达方式，避免含糊不清或产生歧义的用语。准确的语言能够确保信息的精确传达，减少误解的可能性。

再次，情感真挚也是清晰表达不可或缺的一部分。真诚的情感能够增强表达的感染力，使听众或读者更容易产生共鸣。当然，这并不意味着要过分夸张或煽情，而是要在适当的时候展现自己的真实感受。

最后，非语言因素如肢体语言、语调等也在一定程度上影响着表达的清晰度。适当的肢体语言能够辅助说明，而语调的变化则能增强表达的生动性和感染力。

综上所述，逻辑清晰、语言准确、情感真挚以及非语言因素的恰当运用，共同构成了清晰表达的重要因素。

图 4-2　清晰表达的构成要素

三、提升表达清晰度的练习方法

提升表达清晰度是进行有效沟通的关键。以下是一些实用的练习方法，可帮助你逐步增强这一能力。

（1）朗读练习。每天选择一段有深度的文章或演讲稿进行大声朗读。这不仅能够帮助你熟悉语言的韵律，还能锻炼你的口腔肌肉，使发音更加准确、流畅。

（2）录音与回听。在表达某个观点或讲述一个故事时，先进行录音，随后仔细回听，找出其中的模糊表述、冗余词汇或语法错误。通过这种方式，你可以客观地评估自己的表达水平，并针对性地进行改进。

（3）限时演讲。给自己设定一个时间限制，如两分钟，然后围绕一个主题进行即兴演讲。这种练习能够迫使你在有限的时间内组织语言，提高表达的凝练度和条理性。

（4）模拟对话。与伙伴进行模拟对话练习，模拟真实场景中的沟通。在对话中，注意倾听对方的反馈，根据反馈调整自己的表达方式和用词选择，以达到更加清晰、有效的沟通效果。

通过这些持续的练习，你将会逐渐提升自己的表达清晰度，并使话语更具说服力。

四、避免表达中的常见错误

在清晰表达的过程中，避免常见错误是提升沟通效率和质量的关键。以下是几个需要特别注意的方面。

首先，避免使用模糊不清的语言。确保每个词汇、每个句子都能准确传达你的意思，避免产生歧义或误解。使用具体、明确的表述，让听众能够一目了然地理解你的观点。

其次，注意避免冗长和复杂的句子结构。简洁明了的表达更容易被听众接受和理解。尽量用短句、简单的语法结构来阐述观点。这样既能保持表达的流畅性，又能提高信息的传递效率。

再次，慎用行业术语和过于专业的词汇。除非你能够确定听众对这些术语有充分的了解，否则应该尽量用通俗易懂的语言来解释和说明。

最后，要保持表达的客观性和中立性。避免使用过于主观或带有偏见的言辞，以免引发听众的反感或抵触情绪。以事实为依据，用客观的数据和事实来支持你的观点，这样更能增强你的说服力。

总之，在清晰表达的过程中，要时刻注意避免这些常见错误，以确保你的沟通更加有效、顺畅。通过不断练习和改进，你可以逐渐提升自己的表达能力，成为沟通高手。

第五节　说服力的培养

【名人名言】

1. 说服力是一种理性的艺术，它基于事实和逻辑，而非情感冲动。

——亚里士多德

2. 用感情生活的人的生命是悲剧，用思想生活的人的生命是喜剧。如果能够将情感和思想融合，在说服他人时就可以创造出一部伟大的戏剧。

——布律耶尔

3. 最好的说服是以身作则。

——约翰·罗斯金

一、说服力的定义及作用

说服力，简而言之，是指个体通过言语、行为或其他方式，使他人接受自己的观点、意见或建议的能力。它是一种重要的沟通技巧，不仅在日常生活中频繁使用，在商务谈判、政治演讲、教育引导等各个领域都发挥着至关重要的作用。

说服力的作用主要体现在以下几个方面。首先，它有助于建立信任与共识，通过有效的说服，可以增进人与人之间的理解和认同，从而促进合作与共赢；其次，说服力是推动变革与创新的重要力量，它能够激发人们的积极性和创造力，引领社会向前发展；最后，在竞争激烈的环境中，说服力也是个人展现自我、赢得机会的关键所在。

拥有强大的说服力，意味着能够更高效地传达信息、影响他人决策，进而实现个人目标和社会价值。因此，无论是对于个人成长还是社会发展，说服力的培养都显得尤为重要。在接下来的内容中，将深入探讨如何有效提升说服力，掌握这一重要的人生技能。

二、增强说服力的语言技巧

在说服他人的过程中，语言技巧的运用至关重要。增强说服力的语言技巧，不仅能让你的观点更加鲜明有力，还能深深打动对方的心。

首先，学会运用恰当的比喻和例证。通过生动的比喻，可以将复杂的概念简化，使对方更容易理解并接受。而有力的例证，则能增强观点的说服力，让对方无法反驳。

其次，注意语言的逻辑性和条理性。清晰的逻辑结构，能让你的论述条理分明，步步为营，使对方在跟随你的思路时，自然而然地接受你的观点。

再次，掌握适度的语气和语调。温和而坚定的语气，能展现出你的自信和诚意，使对方更愿意倾听。而抑扬顿挫的语调，则能吸引对方的注意力，使你的话语更具感染力。

最后，不可忽视的是语言的礼貌性和尊重性。在说服过程中，始终保持对对方的尊重和礼貌，能让对方感受到你的诚意和善意，从而更愿意接受你的观点。

综上所述，增强说服力的语言技巧多种多样，关键在于灵活运用、恰到好处。掌握这些技巧，你就能在说服他人的道路上更加游刃有余。

三、非语言因素对说服力的影响

在说服力的培养中，非语言因素扮演着至关重要的角色。这些因素虽不直接通过言辞表达，却能在潜移默化中影响听众的感知与判断。

首先，肢体语言是传递说服力的关键。一个自信的姿态、坚定的眼神交流，都能让听众感受到说话者的真诚与力量。反之，紧张不安或躲闪的目光则可能削弱信息的可信度。

其次，声音的运用也不容忽视。语速适中、语调抑扬顿挫的说话方式，能够吸引听众的注意力，使信息更加易于接受。而单调乏味或语速过快的表达，则可能让听众感到疲惫或无法理解。

最后，面部表情也是非语言因素中不可或缺的一部分。一个真诚的微笑、一个恰当的表情变化，都能增强信息的感染力，使说服更加有效。

综上所述，非语言因素在说服力的培养中占据着举足轻重的地位。通过巧妙地运用肢体语言、声音和面部表情，说话者能够更好地传达自己的意图，增强说服力，从而达到预期的沟通效果。因此，在提升说服力的过程中，说话者不仅要注重言辞的精炼与准确，更要关注非语言因素的运用与配合。

四、提高说服力的实践与案例分析

在提高说服力的实践中，有效的策略与生动的案例往往能为理论认知增添丰富的色彩。以销售行业为例，一位优秀的销售员在面对潜在客户时，不仅会用精练的语言阐述产品的优势，更会通过倾听客户的需求，针对性地提供解决方案，从而增强说服力。

某知名汽车销售员小李，在一次接待中，通过主动倾听，了解到客户对车辆安全性与燃油经济性的高度关注。于是，小李详细讲解了该品牌汽车的主动安全系统与节能技术，并邀请客户试驾体验。试驾过程中，小李适时地指出车辆在各种路况下的出色表现，进一步加深了客户对产品的信任。

此外，小李还分享了其他客户的使用反馈，用真实的案例增强了说服力。最终，客户被小李的专业与真诚所打动，决定购买该款车型。这一案例充分展示了主动倾听、精准表达与案例分享在提高说服力中的重要作用。

在实际操作中，我们还需注重语言的逻辑性、情感的投入以及适时的肢体语言，这些都能为说服力的提升增添助力。通过不断实践与总结，人们能够在各种场合下更加自信、有效地表达自己的观点，实现说服的目标。

简述题

1. 简述听与说的相互关系及影响。
2. 阐述主动倾听的技巧。
3. 说明反馈的定义、重要性及不同类型反馈的技巧和注意事项。
4. 分析清晰表达的基础。
5. 简述如何培养说服力。

即测即练　　　　　本章案例分析

自学自测　　　　扫描此码　　

第五章

非语言沟通

学习目标

1. 掌握非语言沟通的基础知识，认识其多样化的表达形式；
2. 辨别非语言信号，提高情境感知能力；
3. 灵活运用非语言技巧，在不同场景中自如表达；
4. 开发非语言沟通策略，增强人际交往的效果；
5. 审视自己的非语言行为，不断提升个人魅力与沟通效能。

第一节　非语言沟通概述

【名人名言】

1. 一个人的行走方式能够暗示出他的性格和情绪状态。

——弗洛伊德

2. 眼睛是心灵的窗户，人的才智和意志可由它看出来。

——博厄斯

3. 你的身体语言是你最强大的语言。

——杰伊·舒尔曼

4. 有许多隐藏在心中的秘密都是通过眼睛被泄露出来的，而不是通过嘴巴。

——爱默生

一、非语言沟通的定义

非语言沟通，是指人们在交流过程中，通过除语言符号外的各种方式传递信息、表达情感和态度的一种沟通形式。它涵盖身体语言、面部表情、眼神交流、声音特质（如语调、音量、语速）、空间距离、时间观念以及个人外貌和穿着等多个方面。

非语言沟通往往与语言沟通相辅相成，共同构成完整的交流体系。它不仅能够传递具体的信息，更能在深层次上揭示沟通者的情感状态、性格特征和关系亲疏。在人际交往、商务谈判、教育教学等众多领域中，非语言沟通都扮演着至关重要的角色，它影响着沟通的效果，甚至决定着沟通的成败。因此，掌握非语言沟通的技巧，对于提升个人沟通能力和社交效果具有重要意义。

二、非语言沟通的重要性

非语言沟通在人际交往中扮演着至关重要的角色。它不仅是语言沟通的补充，更在很多情况下传递着比语言更为丰富和真实的信息。非语言信号，如面部表情、身体姿态和眼神交流，能够迅速传达情感、态度和意图，帮助沟通者更好地理解对方的内心世界。

在沟通中，非语言沟通能够增强信息的表达力和感染力，使沟通更加生动和有效。它有助于建立和维护人际关系，通过传递信任、尊重和亲近感，拉近人与人之间的距离。

此外，非语言沟通还具有跨文化性，很多非语言信号在不同文化背景下具有相似的意义，这使得非语言沟通成为跨文化交流的桥梁。

因此，掌握非语言沟通的技巧，善于解读和运用非语言信号，对于提高个人沟通能力、增进人际关系、促进跨文化交流具有重要意义。在日常生活和工作中，人们应注重培养自己的非语言沟通能力，以更加全面和有效地与他人进行交流和互动。

三、非语言沟通与语言沟通的关系

在人际交往的广阔舞台上，非语言沟通与语言沟通如同双生的舞者，共同编织着交流的华章。它们相互依存，互为补充，共同构建了人类沟通的复杂网络。

语言沟通以其清晰、直接的特性传递着具体的信息与意图，而非语言沟通则以其微妙、丰富的形式传达着情感、态度与氛围。两者相辅相成，语言沟通为交流提供了骨架，非语言沟通则为其增添了血肉与色彩。

在实际交往中，非语言沟通与语言沟通往往交织在一起，共同影响着沟通的效果与质量。一个眼神、一个手势，都可能成为语言之外的强大补充，甚至在某些情况下，非语言沟通比语言沟通更能准确地传达出真实的情感与意图。

因此，深入理解非语言沟通与语言沟通的关系，对于提升人们的沟通能力、促进人际关系的和谐发展具有重要意义。

四、非语言沟通的应用场景

非语言沟通在日常生活与工作中扮演着不可或缺的角色。在商务谈判中，微妙的面部表情和肢体动作能传递出谈判者的真实意图与态度，帮助双方更好地理解彼此，促成合作。在教育领域，教师的眼神交流、手势指导等非语言方式能有效吸引学生的注意力，提高教学效果。

此外，在人际交往中，非语言沟通更是情感交流的润滑剂。一个温暖的拥抱、一个鼓励的眼神，都能让人感受到对方的关心与支持。在跨文化交流中，虽然语言可能不同，但微笑、点头等非语言信号却能跨越文化的障碍，促进人与人之间的理解与沟通。

总之，非语言沟通的应用场景广泛而多样，它既是人际互动的桥梁，也是情感传递的纽带，能够在无声中传递出丰富的信息与情感，让沟通更加生动、有效。

第二节　非语言信号的分类与特点

> 【名人名言】
>
> 说话声音低而柔和的人，往往更具说服力。
>
> ——卡耐基

一、非语言信号的分类

非语言信号是人类沟通中不可或缺的一部分，它们通过多种方式传递信息和情感。

首先，身体语言是非语言信号的重要组成部分，包括面部表情、手势、姿势和动作等。这些身体动作能够传达出说话者的情绪、态度和意图，有时甚至比语言更加真实和直接。

其次，语调、音量、语速和音质等声音特征作为非信息信号的一种，能够传递说话者的情感状态和态度，如喜悦、悲伤、愤怒或平静等。

最后，环境因素如空间使用、时间安排和物品摆设等也属于非语言信号的范畴。这些因素能够影响人们的沟通和互动方式，传递出关于权力、地位、亲密程度和社交规范等信息。

综上所述，非语言信号是一个复杂而多样的系统，它们通过不同的方式传递信息和情感，对人们的沟通和人际关系产生深远的影响。了解并正确解读这些信号，有助于人们更加准确地理解他人的意图和情感，提高沟通效果。

二、身体语言的特征与功能

身体语言作为非语言沟通的重要组成部分，具有直观性和丰富性的特征。它通过姿态、动作、表情等传递信息，往往比语言更为直接和生动。身体语言能够跨越语言障碍，成为人类共通的交流方式。

其功能体现在多个方面。第一，身体语言能够强化语言表达，使沟通更加准确和有力。例如，点头表示同意，摇头表示否定，这些动作能够增强语言的说服力。第二，身体语言可以传递情感状态，如微笑表示愉悦，皱眉表示不满，这些表情能够让人们更好地理解对方的情绪。此外，身体语言还能在社交互动中起到调节作用，如保持适当的身体距离可以避免侵犯他人空间，而友好的姿态和动作则能促进人际关系的和谐。因此，掌握身体语言的特征与功能，对于提高沟通效果具有重要意义。

三、面部表情的传达与解读

面部表情是非语言沟通中极为重要的一环，它能够迅速、直观地传达个体的情绪状态与内心活动。微笑代表喜悦与友好，皱眉则透露出不满或困惑；瞪大眼睛往往意味着惊讶，而眯眼则可能表示怀疑或不悦。这些面部表情的微妙变化，无须语言，便能让人心领神会。

解读面部表情时，需要结合具体情境与个体文化背景进行综合分析。不同文化背景下，同一表情可能具有不同的含义。例如，在某些文化中，频繁的眨眼可能被视为调皮或挑逗，而在其他文化里则可能被视为不敬或轻浮。

因此，在人际交往中，准确解读面部表情对于建立良好关系至关重要。它能帮助人们更好地理解他人的情绪与需求，从而做出恰当的回应。同时，人们也应学会通过面部表情来恰当地表达自己的情感，以促进沟通的有效进行。

四、声音的音调与节奏在非语言沟通中的作用

在非语言沟通中，声音的音调与节奏扮演着举足轻重的角色。音调的高低起伏能够传达说话者的情绪状态，如高兴时的轻快音调、愤怒时的低沉或尖锐音调。这种音调的变化，往往比语言本身更能直观地反映人的内心情感。

而声音的节奏，则关乎说话的快慢、停顿与连贯。一个从容不迫、节奏感强的声音，能够给人以稳重、可信的印象；相反，急促、断续的声音则可能透露出紧张或不安。此外，通过调整节奏，说话者还能引导听众的注意力，强调或淡化某些信息点。

因此，在沟通中，说话者不仅要注重语言的内容，更要善于运用声音的音调与节奏，以更加丰富、立体的方式传达自己的意图和情感。这种非语言的沟通方式，往往能够在不经意间拉近人与人之间的距离，使沟通更加顺畅、有效。

第三节　身体语言的深入解析

【名人名言】

1. 身体永远不会说谎。

——玛莎·格雷厄姆

> 2. 面孔是心灵的画像，眼睛是它的解释者。
>
> ——马库斯·图利乌斯·西塞罗
>
> 3. 非语言沟通法则认为，信息的传递由语言、声音和肢体语言组成，其中肢体语言占55%，比语言内容更重要。
>
> ——阿尔伯特·梅拉宾
>
> 4. 服装往往可以表现人格。
>
> ——莎士比亚

一、身体姿态与动作的含义

身体姿态与动作是非语言沟通中极为重要的一环，它们能够直观地传达出人的情感、态度和意图。在日常生活中，人们常常通过身体姿态和动作来表达自己的情绪，如高兴时的手舞足蹈、悲伤时的低头垂肩。身体姿态的开放与封闭，也透露出对他人的接纳或排斥。例如，挺胸抬头往往表示自信与开放，而耸肩驼背则可能暗示着不安或消极。

此外，一些细微的动作，如频繁的挠头可能意味着不安或疑惑，而眼神的交汇则能传达出关注与尊重。因此，在解读身体姿态与动作时，人们需要结合具体情境，敏锐捕捉这些微妙的信号，以更准确地理解他人的真实意图和情感状态。掌握这一技巧，有助于人们在人际交往中更加游刃有余。

二、手势的表达与接收

手势是非语言沟通中的重要组成部分，它通过手部的动作和姿势来传递信息和意图。手势可以强调和修饰口头语言，使表达更加生动有力。例如，在演讲中，演讲者可能会用手指指向幻灯片上的关键点，以引导听众的注意力。

手势还能表达特定的语义，如大小、形状等抽象概念。通过手势的比画，听众能更直观地理解。此外，手势在调节对话节奏方面也发挥着重要作用，它可以帮助说话者更好地组织思维，引导对话的流畅进行。

然而，手势的解读也需要考虑文化差异。同一种手势在不同文化背景下可能具有截然不同的含义。例如，"OK"手势在美国表示同意，但在巴西则可能被视为侮辱。因此，在跨文化交流中，要特别注意手势的使用，避免引起误解或冲突。

总的来说，手势的表达与接收是非语言沟通的关键环节，它丰富了人们的交流方式，使沟通更加多样和深入。同时，人们也应尊重文化差异，确保手势的使用得当，以促进有效的沟通。

三、眼神交流与视线方向的重要性

在身体语言中，眼神交流无疑是最为直观且富有深意的沟通方式。它不仅能够传递情感，还能揭示人的真实意图。眼神交流的力量在于其直接性和即时性，一个微妙的眼神变动，便能引起对方的注意，甚至改变整个沟通的氛围。

视线方向同样不容忽视。直视对方通常被视为真诚和自信的表现，能够增强沟通的信任感；而避免眼神接触则可能意味着不安、隐瞒或缺乏自信。此外，视线的短暂游离也可能是思考或回忆的自然反应，但持续的回避则可能让人产生疑虑。

因此，在人际交往中，巧妙地运用眼神交流与把握视线方向，对于建立良好的沟通关系至关重要。它不仅能够提升沟通效率，还能促进双方之间的理解和信任，为深入交流打下坚实的基础。掌握这一技巧，将使人们的人际交往更加游刃有余。

四、服饰与外观在非语言沟通中的角色

在非语言沟通中，服饰与外观扮演着举足轻重的角色。它们不仅是个人品味的体现，更是传递身份、态度和情感的重要媒介。

服饰的选择能够反映一个人的职业、社会地位以及个性特征。得体的着装往往能够赢得他人的尊重和信任，而不得体的装扮则可能给人留下不良印象。此外，服饰的颜色、款式和搭配也能够传递出特定的情感和态度，如热情、严肃或随性等。

除了服饰本身，个人的外观形象，如发型、妆容和配饰等，同样具有重要的非语言沟通功能。它们能够强化或削弱服饰所传递的信息，进一步塑造个人的整体形象。

因此，在社交场合中，人们应该注重自己的服饰与外观形象，通过巧妙的搭配和修饰，来更好地展现自己的个性和态度，从而与他人建立良好的非语言沟通关系。

第四节　空间使用与距离感

【名人名言】

1. 分寸感是成熟的爱的标志，它懂得遵守人与人之间必要的距离。这个距离意味着对于对方作为独立人格的尊重，包括尊重对方独处的权利。

——周国平

2. 距离产生美。

——朗吉努斯

一、个人空间与人际距离的概念

个人空间是指个体在身体周围保持的一种无形的、心理上的空间范围，它是个体对自我领域的一种感知和守护。人际距离则是指人与人之间在交往过程中，由于情感亲疏、

关系远近、身份地位等因素而形成的实际物理距离。

个人空间与人际距离在人际交往中起着至关重要的作用。它们不仅反映了人们对隐私和个人领地的尊重，还体现了彼此之间的情感联系和社会地位差异。在不同的文化和社会背景下，个人空间和人际距离的界定可能有所不同，但它们都是维持社会秩序和促进有效沟通的关键因素。

在人际交往中，合理地把握个人空间和人际距离，有助于建立良好的人际关系，避免不必要的冲突和误解。因此，人们需要了解和尊重彼此的个人空间和距离感，以更加和谐、有效地进行沟通和互动。

二、空间使用在沟通中的影响

空间使用在沟通中扮演着至关重要的角色。它不仅反映了人与人之间的关系亲疏，还深刻影响着沟通的氛围与效果。适当的空间距离能够营造出舒适、放松的交流环境，有助于信息的顺畅传递和情感的深入交流。

然而，当空间使用不当，如距离过近导致个人空间被侵犯，或距离过远产生隔阂感时，沟通效果将大打折扣。过近的距离可能引发对方的紧张与不适，而过远的距离则可能被视为冷漠与疏远。

因此，在沟通中，人们需要敏锐地察觉并尊重彼此的空间需求。通过调整空间距离，人们可以更好地控制沟通的节奏与氛围，促进双方的理解与共鸣。空间使用得当，将成为沟通中的润滑剂，助力人们建立更加和谐、有效的交流关系。

三、文化差异在空间使用中的体现

文化差异在空间使用中有着显著的体现。不同文化背景的人们对于个人空间的需求和保持方式有着明显的不同。例如，在一些亚洲国家，个人空间的概念相对薄弱，人们在日常交往中更能容忍身体接触，如在拥挤的公共交通工具上。而在西方国家，个人空间被视为私人领域，过度的身体接触常被视为不礼貌或冒犯。

在家庭布局上，文化差异也体现得淋漓尽致。在一些亚洲国家，大家庭结构普遍，住宅设计往往需要考虑多代同堂的需求，空间布局相对紧凑。而在西方国家，以核心家庭为主，独立住宅更为常见，空间利用相对独立。

此外，在工作环境中，不同文化背景下的空间规划也各具特色。例如，美国人在办公室中倾向于保持一定的个人空间，而一些亚洲文化则可能更加注重团队协作，空间布局上可能更加紧密。

这些文化差异在空间使用中的体现，要求人们在跨文化交流中更加敏锐地察觉并尊重彼此的空间需求。

四、空间侵犯与舒适度调整

在空间使用中，空间侵犯是一个不容忽视的问题。当个人的私人空间被未经允许地侵入时，会产生不适甚至反感。这种侵犯可能源于无知、疏忽或故意挑衅，无论何种原因，都应及时且恰当地处理。

为避免空间侵犯，应时刻保持对他人的尊重与警觉。了解并尊重不同文化背景下的空间使用习惯，是减少误会的关键。同时，通过非语言信号，如微妙的身体姿态或眼神交流，可以感知他人的舒适度，并据此调整自己的行为。

当发现自己可能侵犯到他人空间时，应立即停止并道歉；反之，若感受到他人侵犯，也应勇敢而礼貌地表达自己的不适。通过双方的共同努力，可以营造出一个更加和谐、舒适的人际交往环境。空间的使用与调整，不仅关乎礼貌，更是对他人尊重的体现。

第五节　非语言沟通的技巧与提升

一、提高非语言沟通能力的方法

提高非语言沟通能力，关键在于增强自我觉察与理解他人。首先，学会观察并解读自己的非语言信号，如面部表情、肢体动作及语调变化，确保它们与口头信息一致，避免产生误解；其次，通过模仿与学习，掌握更多积极有效的非语言表达技巧，如保持开放的姿态、适时的眼神交流以及恰当的微笑，以展现自信与亲和力；再次，积极参与社交活动，观察并适应不同文化背景下的非语言沟通习惯，提升跨文化沟通能力；最后，不断反思与练习，将非语言沟通融入日常交流，使之成为自然而然的习惯，从而在人际交往中更加游刃有余。通过这些方法，可以显著提升非语言沟通的效果与质量。

二、识别与应对非语言沟通中的障碍

在非语言沟通中，障碍可能源自对身体语言与空间使用的误解。要想识别这些障碍，需要保持高度敏感性，留意对方微妙的体态变化与空间距离的调整。有时，一个微小的皱眉或后退的动作，都可能是不满或不适的信号。

面对障碍，应积极采取应对措施。一方面，通过自我反思，审视自身非语言行为是否可能引发误解；另一方面，主动寻求反馈，以开放姿态询问对方感受，确保沟通顺畅。此外，了解不同文化背景下的非语言沟通差异也至关重要，以避免因文化差异而产生的隔阂。

总之，识别与应对非语言沟通中的障碍，需要细致观察、主动沟通，并尊重文化多样性。只有这样，才能确保非语言沟通成为增强理解与信任的桥梁，而非隔阂与误解的根源。

三、利用非语言信号增强说服力的策略

在沟通中，非语言信号是增强说服力的有力工具。首先，保持自信的姿态，如坚定

的眼神交流、适度的微笑和稳定的语速，能够展现出你的可靠与真诚，使听众更愿意接受你的观点；其次，通过手势和面部表情来强调重点，使信息传递更加生动有力，加深听众的印象；再次，注意空间距离的使用，保持适当的亲近感，既不过于疏远也不失礼貌，有助于建立信任与共鸣；最后，倾听时的非语言反馈，如点头、保持眼神接触，能展现你的专注与尊重，为后续的说服打下良好基础。综上所述，巧妙运用非语言信号，不仅能提升沟通效果，还能在无形中增强说服力，使所要表达的观点更加深入人心。

四、非语言沟通在团队建设中的应用

非语言沟通在团队建设中扮演着至关重要的角色。团队成员间的眼神交流、微笑、点头等非语言信号，能够迅速传递信任、支持和理解，增强团队凝聚力。

在团队会议中，领导者的身体语言如开放的姿态、积极的目光接触，能够激发团队成员的参与感和归属感。同时，通过合理的空间使用，如保持适当的距离、创造舒适的交流环境，有助于团队成员更好地表达自我，促进创意碰撞。

此外，非语言沟通还能帮助团队成员识别彼此的情绪状态，及时给予反馈和支持，从而有效缓解团队冲突，提升整体协作效率。因此，团队成员应培养对非语言信号的敏感度，学会运用非语言沟通技巧，共同营造一个和谐、高效的团队氛围。这样，团队才能在竞争激烈的市场中立于不败之地，实现持续发展和创新。

第六节　非语言沟通的实际应用案例

一、商务谈判中的非语言沟通技巧

在商务谈判中，非语言沟通扮演着至关重要的角色。肢体语言、面部表情和眼神交流等非语言信号，能够传递出丰富的信息和情感。

保持自信的姿态和稳定的眼神交流，可以显示出你的诚意和专业素养。同时，适当的肢体语言，如双手摊开表示真诚，紧握双拳则可能显示决心或紧张，都能微妙地影响谈判氛围。

面部表情是情感交流的重要窗口。微笑可以传递友好和善意，有助于建立信任；而皱眉或摇头则可能表达疑虑或不满。此外，声音和语调的运用同样关键，放松而坚定的声音往往更能赢得对方的信任。

在空间使用方面，保持适当的身体距离，既不过于亲近也不过于疏远，有助于维护双方的舒适感和尊重。同时，了解并尊重不同文化背景下的空间观念，也是促进商务谈判成功的关键。

综上所述，在商务谈判中，灵活运用非语言沟通技巧，可以显著提升沟通效果，助力谈判成功。

二、社交场合中的非语言互动示例

在社交场合中，非语言互动扮演着举足轻重的角色。例如，微笑是传递友好和开放态度的有效方式，一个真诚的微笑能迅速拉近人与人之间的距离。此外，眼神交流也极为关键，它不仅能表达关注与倾听，还能在对话中传递微妙的情感与意图。

在聚会或商务宴会上，人们通过点头表示赞同或礼貌，而轻微的摇头则可能传达出不同意或疑惑。同时，身体姿态和手势同样重要，一个自信的站姿或手势能增强个人魅力，而紧张或防御性的姿态则可能让人产生疏离感。

此外，空间的使用也不容忽视。在社交互动中，保持适当的身体距离能体现尊重与舒适，而过于靠近则可能让人感到不适或侵犯。因此，在社交场合中，巧妙地运用非语言沟通，不仅能提升个人形象，还能促进人际关系的和谐发展。

三、教育领域中的非语言沟通实践

在教育领域中，非语言沟通发挥着至关重要的作用。教师的面部表情、眼神交流以及肢体语言，都能向学生传递出丰富的信息和情感。例如，一个微笑可以鼓励学生继续努力，而一个点头则是对学生回答的肯定。

在课堂上，教师还可以通过空间利用来优化教学效果。合理的座位安排不仅能促进师生间的互动，还能增强学生之间的合作与交流。此外，教师的手势和动作也能帮助学生更好地理解抽象概念，使课堂更加生动有趣。

非语言沟通在教育中的应用还体现在对学生的情感关怀上。一个温暖的拥抱、一个鼓励的眼神，都能让学生感受到教师的关心和支持，从而激发他们的学习热情和自信心。因此，教师应注重非语言沟通技巧的运用，以全面提升教育教学的质量和效果。

四、职场环境中的非语言沟通策略

为了构建和谐的职场氛围，有效的非语言沟通策略至关重要。

第一，身体语言应展现出专业与自信。一个坚定的眼神、一个自信的微笑，都能传递出你的专业素养和积极态度；第二，合理利用空间距离，保持适度的个人空间，既尊重他人也维护自己的边界；第三，注意倾听时的姿态，如微微点头、保持眼神接触，能表达出你的专注与尊重；第四，避免使用负面非语言信号，如皱眉、交叉双臂等，以免传递出消极或敌对的情绪。

总之，职场中的非语言沟通策略是塑造个人形象、促进团队协作的重要工具。通过精准解读与恰当运用身体语言、空间距离等信号，我们能够更有效地沟通协作，共同推动职场环境的和谐发展。

简述题

1. 简述非语言沟通与语言沟通的关系。
2. 阐述身体语言的特征、功能。
3. 说明空间使用在沟通中的影响。
4. 分析提高非语言沟通能力的方法。
5. 简述非语言沟通在商务谈判、教育领域的应用。

即测即练　　　　　本章案例分析

自学自测　　扫描此码　

第六章

书 面 沟 通

◆ **学习目标**

1. 精通商务通信的各种格式与写作风格，符合行业标准；
2. 提升商务信函与邮件的撰写能力，增强沟通效率；
3. 掌握报告与提案的撰写技巧，精准传达信息；
4. 学会数据分析与可视化，支撑决策与建议；
5. 培育创新提案能力，引领项目进展与市场开拓。

第一节　商务信函与电子邮件基础

【名人名言】

出色的写作能力是公司录用取舍的重要因素。

——花旗集团副总裁保罗·古德曼

一、商务信函的构成与格式

商务信函是商务沟通中不可或缺的工具，其构成与格式至关重要。一般而言，商务信函包括信头、日期、收信人信息、称呼、正文、结束语、签名及附件等部分。信头通常位于信函顶部，包含发信公司或个人的名称、地址、电话等联系方式；日期紧随信头之后，清晰标注信函发出的具体日期；收信人信息应详细列出公司名称、部门及收件人姓名，确保信函准确送达；称呼则根据收信人的身份和地位而定，以示尊重；正文是信函的核心，应简洁明了地阐述主题、内容、要求或建议；结束语用于礼貌地结束正文，并表达期待回复或进一步沟通的意愿；签名位于结束语下方，签署发信人姓名以示正式。如有相关文件或资料，可作为附件一并附上，以便收信人参考。

遵循上述构成与格式，商务信函将更加规范、专业，有助于提升商务沟通的效率与效果。

二、电子邮件的撰写原则

在撰写电子邮件时，应遵循以下原则，以确保信息的有效传递与接收。首先，明确性至关重要。邮件主题应简洁明了，内容则应条理清晰，避免冗长与模糊，确保收件人能迅速把握要点。其次，礼貌性不可或缺。无论是对内还是对外沟通，都应保持礼貌用语，尊重对方，这有助于建立良好的工作关系。再次，准确性是基本要求。信息必须准确无误，避免误导或产生歧义，必要时可附上相关数据或文件作为支撑。最后，简洁性同样重要。在不影响信息完整性的前提下，尽量精简文字，提高阅读效率。遵循这些原则，不仅能提升邮件的专业性，还能促进沟通的高效与顺畅，为商务活动的顺利进行奠定坚实基础。

三、商务信函与电子邮件的语气与风格

在商务信函与电子邮件中，语气与风格至关重要。商务信函应保持正式而礼貌的语气，使用准确、专业的词汇，避免使用过于随意或口语化的表达。这有助于建立和维护专业的商务关系，同时体现发件人的专业素养。

电子邮件虽然相对灵活，但仍应遵循一定的商务规范。在邮件中，应使用清晰、简洁的语言，避免冗长和复杂的句子结构。同时，要注意邮件的开头和结尾，使用恰当的问候语和结束语，以示尊重。

在表达意见或请求时，应采用积极、建设性的语气，避免过于强硬或消极的表达方式。此外，还要注重邮件的排版和格式，使其易于阅读和理解。

总之，如表 6-1 所示，商务信函与电子邮件的语气与风格应体现专业性、礼貌性和清晰度，这有助于提升商务沟通的效果，促进商务合作的顺利进行。

表 6-1 商务信函与电子邮件比较

对比维度	商 务 信 函	电 子 邮 件
速度	慢，依赖邮政系统，投递用时长	快，即时发送，几秒可达收件人
成本	高，纸张、印刷、邮寄都要钱	低，基本无耗材，仅付网络费
格式	严格，有规范排版、称谓、落款要求	较灵活，简约格式即可，也可个性化
安全性	高，有实物凭证，不易篡改	低，易受黑客攻击、遭遇泄露
正式感	强，用于严肃商务场合彰显尊重	较弱，日常沟通较随意，重要时需要调格式
便捷性	不便，要打印、封装、跑邮局	便捷，随时随地发，附件易添加
收件反馈	难追踪，不知对方何时收到、处理	可设置已读回执等，了解阅读状态

四、英文商务信函中常见错误及避免方法

英文商务信函中常见错误包括主题不明确、语气不恰当、动词搭配错误等。为避免这些问题，应注意以下几点。（查到的内容都是以英文为示例。）

（1）明确主题。避免使用模糊标题，如"Urgent!!!"或"Important"，而应明确说明具体内容，如"Request for Immediate Action: Deadline Approaching"。

（2）礼貌语气。开头问候应正式礼貌，避免使用"Hey"或"Hi"，而应使用"Dear"加尊称。表达请求时，用"Could you kindly assist me?"比"You never replied!"更显礼貌。

（3）动词搭配。注意动词的正确用法，如"suggest"后直接加动词，或使用"suggest+（that）+主语+（should）+动词"的结构。

（4）检查附件。发送前务必确认附件是否添加并正确，避免遗漏重要文件。

（5）统一格式。确保邮件内容格式统一，避免字体大小不一致，影响专业形象。

遵循以上方法，可以有效提升商务信函的专业性和礼貌度，减少沟通障碍。

第二节　商务信函写作实务

一、建立业务关系的信函写作

建立业务关系的信函在商务沟通中至关重要。信函内容应准确、简洁且具体，以体现专业性和信任感。开头应明确收信人或公司名称，并附上礼貌的问候。在正文部分，简要介绍自己的公司及业务范围，同时表达对对方公司或产品的兴趣及合作意愿，强调双方合作的潜在利益和市场前景，展现合作双赢的美好愿景。

为确保信函的专业性，应使用礼貌、得体的措辞，并避免冗长和模糊的表达。在结尾部分，提出进一步联系的希望和要求，如邀请对方进行商务考察或洽谈合作细节。同时，附上祝愿或致敬的话语，以示友好和尊重。

信函应包含写信人的签名、日期及联系方式，以便对方回复。整体而言，建立业务关系的信函应注重内容的准确性和表达的礼貌性，以建立稳固的商业联系和信任基础。

二、询盘与回复的信函技巧

在商务信函中，询盘与回复的技巧至关重要。询盘时，应清晰表达需求，附上具体的产品或服务信息，以便对方快速理解并提供准确回复。同时，使用礼貌、专业的语言，建立良好的第一印象。

回复询盘时，先以感谢的态度开场，表达对对方关注的重视。接着，直接进入主题，根据对方需求提供详细信息，包括产品规格、价格、库存情况等。务必确保信息准确无误，避免造成误解。

在回复中，使用简洁明了的语言，避免冗长和复杂的句子，使对方能够快速获取所需信息。同时，留下联系方式，以便对方进一步咨询或下单。结尾时，表达对未来合作的期待，增强双方的合作意愿。

总之，询盘与回复的信函技巧在于清晰表达、礼貌专业、信息准确，以及建立良好的沟通与合作关系。通过这些技巧，可以有效提升商务信函的沟通效率与合作成果。

三、订单确认与拒绝的信函策略

在商务信函写作实务中，订单确认与拒绝是重要环节。首先在确认订单时，应确保信函内容准确无误，清晰表明订单已接收并确认。其次，信函开头简要提及订单详情，随后逐一确认商品、数量、价格及交货期等关键信息，并附上订单编号以供查阅。最后，表达感谢，强调期待后续合作，展现企业专业性及良好服务态度。

面对需要拒绝的订单，策略尤为重要。信函应体现礼貌与尊重，避免直接生硬拒绝。采用委婉表达方式，从客户需求出发，解释无法满足订单的具体原因，如库存不足或价格变动等。同时，提供替代方案或建议，展现企业解决问题的诚意与努力。结尾处，再次表达感谢，希望未来有机会再合作，维护双方良好关系。

订单确认与拒绝信函均应遵循正式、准确、清晰的原则，确保信息传达无误，维护企业形象及商业关系。

四、投诉处理与致歉回复的撰写

在商务沟通中，面对客户投诉，撰写得体的投诉处理信函至关重要。此类信函应首先对客户的不满表示诚挚的歉意，并确认已充分了解其投诉内容。在阐述解决方案时，应明确、具体地提出改进措施或补偿方案，展现企业的责任感和解决问题的决心。

致歉回复则应更加注重情感共鸣，用词应谦逊且充满诚意，以缓解客户的不满情绪。在回复中，不仅要对客户的不便表示歉意，还应感谢其提出的宝贵意见，因为这有助于企业服务的持续改进。

撰写时，务必保持语气平和、客观，避免任何可能激化矛盾的表达。同时，要确保回复内容准确无误，避免因信息错误而引发更多误解。通过精心构思和认真撰写，处理投诉信函与致歉回复可以成为修复客户关系、提升企业形象的有力工具。

第三节　电子邮件商务应用

一、电子邮件在商务沟通中的作用

在当今快节奏的商业环境中，电子邮件已成为商务沟通不可或缺的重要工具。它不仅具有即时性和便捷性，而且能跨越地域限制，实现全球范围内的快速交流。

电子邮件在商务沟通中扮演着信息传递的桥梁角色。无论是日常的业务往来、合作洽谈，还是合同的确认与执行，电子邮件都能准确、高效地传递信息，确保双方沟通无碍。

此外，电子邮件还是展示企业形象和专业素养的重要窗口。一封格式规范、内容精炼、语言得体的商务邮件，不仅能提升企业的专业形象，还能增强客户对企业的信任度和好感度。

因此，熟练掌握电子邮件的商务应用技巧，对于每一位商务人士而言都至关重要。通过合理利用电子邮件，企业能够提升工作效率，拓展业务范围，从而在激烈的市场竞争中占据有利地位。

二、商务电子邮件的撰写步骤

撰写商务电子邮件应遵循严谨步骤，以确保信息准确传达。首先，明确邮件目的，无论是询问、回复、通知还是请求，都应开门见山。其次，精心选择收件人与抄送人，确保信息送达关键人物，同时避免信息泄露。再次，撰写邮件正文，结构应清晰，先概述要点，再展开细节，使用专业且礼貌的语言，避免歧义或过于随意的表述。附件应与邮件内容紧密相关，并提醒收件人查收。最后，仔细校对邮件，检查语法、拼写及格式错误，确保专业形象。在发送前，再次确认邮件内容无误，并考虑是否使用恰当的问候语与签名档，以强化商务礼仪。遵循这些步骤，能有效提升商务电子邮件的沟通效率与质量。

三、电子邮件附件的使用与注意事项

在商务电子邮件中，附件的使用极为普遍，用于传输合同、报告、数据表等文件。然而，附件的使用也应谨慎。

首先，确保附件的格式与接收方软件兼容，避免出现无法打开的情况。同时，附件大小应控制在合理范围内，以免因文件过大导致发送失败或接收方下载困难。

其次，对于敏感或机密信息，应尽量避免通过附件传输，以防信息泄露。若必须使用，务必进行加密处理，并提前与接收方沟通好解密方法。

再次，发送附件前，务必进行病毒扫描，确保文件安全无害。在邮件正文中，简要提及附件内容及其重要性，引导接收方及时查阅。

最后，定期清理已发送和已接收的邮件附件，以节省存储空间，同时也有助于保护信息安全。总之，合理、安全地使用电子邮件附件，将大大提升商务沟通的效率与质量。

四、电子邮件营销与客户关系维护

在电子商务时代，电子邮件营销成为企业拓展市场、维护客户关系的重要工具。通过精准定位目标客户群体，发送个性化的营销邮件，企业能有效提升品牌知名度和产品销量。

在邮件内容策划上，应注重信息的价值性和可读性，避免过度营销引起客户反感。同时，定期发送行业动态、优惠活动等资讯，有助于增强客户的黏性和忠诚度。

客户关系维护方面，电子邮件也是不可或缺的沟通渠道。企业可通过邮件回复客户咨询、处理投诉，展现专业且高效的服务态度。此外，定期收集客户反馈，不断优化产品和服务，也是深化客户关系的关键。

总之，电子邮件营销与客户关系维护相辅相成，共同推动企业稳健发展。企业应充分利用这一数字工具，不断创新营销策略，提升客户服务质量，以赢得更多客户的信任和支持。

第四节　报告与提案书写导论

一、报告与提案的定义与分类

在书面沟通中，报告与提案扮演着举足轻重的角色。报告是一份书面文件，旨在目标明确地呈现特定主题的事实，常作为决策的辅助工具。它可以是正式的或非正式的，篇幅不等，由一个或多个作者完成。报告的类型多样，按内容可分为工作报告、情况报告、建议报告、答复报告等；按性质可分为综合报告、专题报告；按时间则可分为定期报告、不定期报告。

提案则是提交会议讨论决定的建议，通常涉及对某一问题或项目的具体解决方案。它与报告在性质上有所不同，更侧重于提出新的想法或建议，以供集体讨论和决策。

在商务和组织沟通中，报告与提案都是不可或缺的书面沟通工具。它们帮助决策者了解现状、预测未来，并作出明智的决策。掌握报告与提案的书写技巧，对于提升个人及组织的沟通效率至关重要。

二、报告与提案的撰写目的与重要性

报告与提案是商务沟通中不可或缺的重要工具。撰写报告的主要目的在于清晰、准确地传达信息，帮助决策者了解项目进展、分析结果或问题现状，从而做出明智的决策。而提案则更侧重于提出解决方案或建议，旨在说服受众采纳某一观点或行动计划。

报告与提案的撰写对于组织发展至关重要。它们不仅能够促进内部沟通，确保团队成员对项目有共同的理解和期望，还能够提升组织的专业形象和信誉。通过精心准备的报告与提案，个人或团队能够展示其专业素养、分析能力及解决问题的能力，进而赢得上级或客户的信任与支持。

因此，掌握报告与提案的撰写技巧，明确其撰写目的与重要性，对于提升商务沟通效率、推动项目进展及实现组织目标具有重要意义。无论是撰写日常工作报告，还是提出创新提案，都应注重内容的逻辑性、准确性和说服力。

三、报告与提案的受众分析与定位

在撰写报告与提案时，受众分析与定位至关重要。需要明确报告或提案的接收者是谁，他们可能来自不同的背景、层级或专业领域，对信息的理解和需求各异。因此，需要对受众的知识水平、兴趣点及决策影响力进行细致分析。

受众分析有助于确定信息的呈现方式和语言风格。例如，对于高层管理者，应突出关键数据和结论，语言简洁明了；而对于技术人员，则应提供详细的数据分析和技术说明。

定位则是基于受众分析，明确报告或提案的核心价值和目标。是寻求资金支持、推动项目落地，还是解决特定问题？清晰的定位能确保内容紧扣主题，有的放矢，从而增强说服力和实用性。通过精准的受众分析与定位，报告与提案才能更有效地传达信息，实现既定目标。

四、报告与提案的撰写流程与规划

撰写报告与提案应遵循系统流程，如表 6-2 所示。一是明确目的与主题，确保内容贴合需求，定位精准。二是进行资料收集，为报告或提案提供坚实的数据支撑。三是拟定提纲，合理划分章节，确保逻辑清晰、条理分明。四是撰写初稿，撰写过程中，注重语言的准确性和专业性，同时保证简洁明了，避免冗长复杂。五是审核修改，初稿完成后，要进行多次审阅与修改，剔除冗余，强化核心观点。六是定稿排版，即进行格式排版与校对，确保文档整洁美观，符合规范。在规划阶段，设定时间表，合理分配时间资源，确保各阶段任务按时完成。同时，预留足够时间进行反馈收集与调整，确保最终成果满足预期要求。通过这一系列流程与规划，可有效提升报告与提案的质量与效果。

表 6-2　报告与提案撰写流程

步　骤	具　体　内　容
明确目的与主题	确定报告用途，如进度汇报、成果展示等；了解受众需求，据此锁定报告核心要点
收集资料	汇集内部（文件、报表、记录）与外部（行业报告、法规政策）资料；运用调查、访谈等方法获取一手信息
拟定提纲	搭建报告框架，划分引言、主体、结论等板块；规划各板块要点、层级与逻辑顺序
撰写初稿	依提纲填充内容，每个部分完整阐述；语言平实、准确，数据精准，图表辅助说明
审核修改	检查内容准确性、逻辑连贯性、语言规范性；核实数据，优化表述，增删内容完善报告
定稿排版	确认无误后定稿；统一字体、字号、行距等格式，添加页码、目录，让报告美观易读

第五节 商务报告撰写技巧

一、商务报告的结构与格式要求

商务报告作为商务沟通的重要工具，其结构与格式至关重要。一般而言，商务报告应包含标题页、目录、摘要、引言、正文、结论与建议，以及附录等部分。标题页应清晰标注报告标题、作者及提交日期；目录列出报告的主要章节及页码，便于读者查阅；摘要部分是对报告内容的简要概述，使读者能快速了解报告主旨；引言部分应明确报告的背景、目的及重要性；正文部分详细阐述报告的核心内容，包括数据分析、问题识别及解决方案等；结论与建议环节应总结报告的主要发现，并提出切实可行的建议；附录则包含报告所需的附加信息，如数据表格、图表等。

在格式上，商务报告应采用统一的字体、字号及排版风格，确保报告的专业性与易读性。同时，注意段落清晰、逻辑连贯，使报告内容条理分明。

二、商务报告的数据收集与分析方法

在商务报告的撰写中，数据收集与分析是至关重要的一环。数据收集可以通过多种途径进行，包括企业内部系统（如 ERP、CRM）和外部数据源（如市场调研报告、社交媒体数据）。确保数据来源的可靠性和合法性，采用多种来源的数据以提高分析结果的准确性。

数据收集后，需要进行数据清洗，去除重复、缺失或异常的数据，确保数据质量。之后，利用统计分析、数据挖掘和机器学习等方法对数据进行深入分析，发现潜在的商业机会和问题。

数据分析完成后，通过图表、表格等形式直观地展示分析结果，帮助决策者理解数据背后的含义和趋势。同时，撰写详细的分析报告，解释数据分析的过程、结果和结论，提供可操作性的商业洞见和建议。

综上所述，商务报告的数据收集与分析方法包括多样化的数据收集途径、严格的数据清洗步骤、深入的数据分析方法和直观的结果呈现方式，为决策者提供有力的数据支持，助力商业决策和战略制定。

三、商务报告中的图表使用与解读

在商务报告中，图表的使用至关重要。图表能以直观明了的方式传达数据和信息，增强报告的可读性和说服力。

常见的图表类型包括柱形图、折线图、饼图等。柱形图适用于比较不同类别的数据；折线图能清晰地展示数据的变化趋势；饼图则用于表示各部分在整体中的比例。

在解读图表时，应注意标题和标签，确保理解图表所展示的主要内容及变量单位。

同时，要关注图表中的数据展示方式，如是否使用了百分比或比例。此外，应分析图表中的趋势和变化，注意数据的精确度和范围，利用数据之间的关系进行推断和分析。

正确使用图表，不仅能提升报告的专业性，而且能帮助读者更快地抓住重点，理解报告的核心内容。因此，在撰写商务报告时，应充分利用图表的优势，确保信息准确、直观地传递，从而支持决策制定和推动业务发展。

四、商务报告的结论与建议撰写

商务报告的结论与建议部分是整篇报告的精髓所在。撰写时，结论应简明扼要地总结报告的核心发现或成果，确保读者能快速把握要点。避免冗长或模糊的表达，力求精准有力。

建议部分则应基于结论，提出具有针对性和可操作性的策略或措施。这些建议应紧密围绕报告主题，结合实际情况，力求切实可行。在阐述建议时，可适当运用数据和事实支撑，以增强说服力。

同时，建议的表达方式应清晰明了，逻辑严密，便于读者理解和接受。对于复杂或多项建议，可进行适当的分类和排序，以便读者更好地把握整体框架和逻辑关系。

总之，商务报告的结论与建议撰写应注重精炼性、针对性和可操作性，力求为决策者提供有价值的参考依据，推动相关工作的顺利开展。

第六节　提案撰写实战指南

一、提案撰写的准备工作与要点

在撰写提案前，充分的准备工作至关重要。第一，明确提案的目标与受众，了解他们的需求和期望，确保提案内容有的放矢。第二，深入调研，收集相关数据和信息，为提案提供有力的支撑和依据。同时，清晰界定提案的核心价值和创新点，突出其独特性和优势。

撰写时，要点包括：逻辑清晰，条理分明，确保受众能够快速理解提案的主旨；语言精练，避免冗长和晦涩的表达，提高可读性；强调实施方案的可行性和可操作性，给出具体的步骤和时间表。此外，还应注意格式规范，包括标题、目录、正文、结论等部分的合理安排，以及字体、字号等排版细节的统一。这些准备工作和撰写要点能够有效提升提案的说服力和专业度。

二、提案的创意构思与策划

在提案书写中，创意构思与策划是核心环节。一个出色的提案往往源于独特的创意和精心的策划。

创意构思要求提案者突破常规思维，从新颖的角度审视问题，提出别具一格的解决方案。这需要对目标受众有深入的了解，对市场需求有敏锐的洞察，以及对行业趋势有准确的把握。

策划则是将创意转化为可操作的步骤和计划。它涉及提案的整体布局、逻辑结构、语言表达等多个方面。优秀的策划能够确保提案内容条理清晰、重点突出，使受众能够轻松理解并接受提案的核心观点。

在提案书写实战中，创意构思与策划相辅相成，共同构成提案的灵魂。只有具备创新性和可操作性的提案，才能在众多竞争者中脱颖而出，赢得受众的青睐。因此，在撰写提案时，务必注重创意构思与策划的巧妙结合，以打造出具有吸引力和说服力的优秀提案。

三、提案的呈现方式与技巧

在提案书写实战中，呈现方式与技巧至关重要。第一，提案内容应条理清晰，逻辑严密，确保读者能迅速抓住要点。第二，采用图表、数据等视觉元素，能有效提升提案的可读性和说服力。在格式上，保持页面整洁，段落分明，使用恰当的标题和子标题，使提案结构一目了然。

此外，针对不同受众，调整提案的语言风格和用词，使之更加贴近读者的需求和兴趣。在正式提交前，务必进行多次审阅和修改，确保无误。

在演讲或汇报提案时，结合 PPT 等辅助工具，用简洁明了的语言阐述核心观点，同时注意与听众的互动，及时解答疑问，增强提案的感染力。

综上所述，掌握提案的呈现方式与技巧，对于提升提案的成功率具有重要意义。

四、提案的评估与反馈收集

在提案书写完成后，评估与反馈收集是确保提案质量、提升工作效率的关键环节。应对提案的逻辑性、可行性及创新性进行综合评估，确保提案内容既符合实际需求，又具备前瞻性和可操作性。

为收集有效反馈，可组织专题会议，邀请相关部门负责人及专家进行评审，直接听取他们的意见和建议。同时，利用问卷调查、在线投票等方式，广泛收集意见和建议，使提案更加贴近群众需求。

在收集到反馈后，要认真梳理和分析，对合理的建议进行采纳和完善，对存在的问题进行针对性的修改。通过不断迭代和优化，使提案更加完善，更具实施价值。

总之，提案的评估与反馈收集是提案书写不可或缺的一部分，它有助于提升提案的实用性和可操作性，为提案的成功实施奠定坚实基础。

简述题

1. 简述商务信函与电子邮件的语气与风格要求。

2. 阐述商务报告的数据收集与分析方法。

3. 说明提案书写的准备工作与要点。

4. 简述电子邮件在商务沟通中的作用及撰写步骤。

即测即练　　　　　　本章案例分析

自
学
自
测

扫
描
此
码

第三部分

特殊场合沟通

第七章

公众演讲与演示

1. 掌握公众演讲的基础知识，树立正确的演讲观；
2. 具备独立选题与材料搜集能力，撰写出色演讲稿；
3. 掌握演讲技巧，包括语言表达与非语言沟通；
4. 克服演讲恐惧，提升自信，从容应对各种场合；
5. 学会评估与反思，将每一次演讲作为成长的契机，精益求精。

第一节　公众演讲基础

【名人名言】

1. 注意一下说话的艺术，否则你就会因此而断送前程。

——莎士比亚

2. 打动人心：伟大的演讲不仅要感动听众的耳朵，更要打动他们的心。

——温斯顿·丘吉尔

3. 语言作为工具，对于我们之重要，正如骏马对骑士的重要。最好的骏马适合于最好的骑士，最好的语言适合于最好的思想。

——但丁

一、演讲的定义与重要性

演讲，即公开、正式地向听众传达思想、观点或信息的过程。它不仅是个人表达能力的体现，更是沟通、说服与影响他人的重要手段。在公众场合，一次成功的演讲能够迅速吸引听众注意，清晰传达信息，激发共鸣，甚至改变人们的看法和行为。

因此，掌握演讲技巧，对于提升个人魅力、增强说服力及推动事业发展具有不可估量的价值。无论是职场汇报、学术交流还是社会倡导，演讲都扮演着举足轻重的角色。

二、演讲类型及其特点

公众演讲涵盖多种类型，各具特色。说服性演讲旨在改变听众观点或促使其采取行动，强调逻辑与情感并重；信息性演讲侧重于传递知识与信息，要求内容准确、条理清晰；启发性演讲激发听众思考与灵感，鼓励创新思维；娱乐性演讲以幽默或故事吸引听众，营造轻松氛围。此外，还有纪念性演讲，用于庆祝或缅怀，情感真挚动人。每种演讲类型都有其独特目的与表达方式，选择合适的类型对演讲效果至关重要。

三、演讲者的角色与责任

在公众演讲中，演讲者扮演着至关重要的角色，如图 7-1 所示。一般包括传递者、激发者和引导者三种角色。演讲者不仅要承担其所发表的观点以及传递的信息准确无误的责任，同时，应关注观众的反馈，灵活调整演讲内容与节奏。此外，演讲者还应展现出自信与魅力，用真诚的态度感染观众，激发其思考与共鸣。总之，演讲者的角色多重且责任重大，唯有精心准备、全情投入，方能成就一场精彩绝伦的公众演讲。

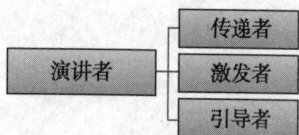

图 7-1　演讲者的角色架构

四、演讲的道德与伦理标准

公众演讲不仅传递思想，而且影响着听众的认知。因此，演讲中的道德与伦理标准至关重要。演讲者应确保信息真实可靠，避免夸大其词或误导听众。尊重知识产权，合理引用并注明出处，是对原作者的尊重。同时，演讲者应以平等、包容的态度对待听众，尊重多元观点，避免使用歧视性语言。在演讲中，诚实、公正、尊重是核心道德准则，有助于建立信任，促进有效沟通。演讲者应以身作则，通过正面言论和行为，传递正能量，引领良好社会风气。

第二节　演 讲 准 备

一般演讲的筹备可以遵循以下几个步骤，如图 7-2 所示。

明确演讲的主题与目标		收集与整理演讲材料		撰写演讲稿的技巧		演讲前的预演与修订
• 提升听众对某议题的认识、激发行动或改变观念	→	• 明确演讲的主题和目标受众	→	• 紧扣主题，逻辑清晰	→	• 熟悉演讲内容，发现不足

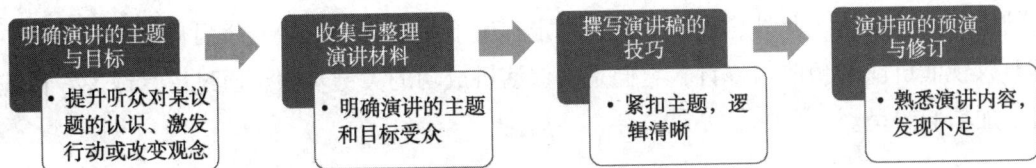

图 7-2 演讲筹备流程

一、明确演讲主题与目标

在筹备公众演讲时，首要任务是明确演讲的主题与目标。一个清晰的主题能确保内容聚焦，引导听众紧跟思路。主题的选择应基于听众的兴趣、需求及演讲者的专业知识。同时，设定具体、可衡量的目标至关重要，如提升听众对某议题的认识、激发行动或改变观念。明确主题与目标不仅为演讲内容构建框架，也为后续准备与现场表现奠定坚实基础，确保演讲有的放矢，成效显著。

二、收集与整理演讲材料

在演讲准备阶段，收集与整理材料是至关重要的环节。首先，要明确演讲的主题和目标受众，有针对性地搜集相关信息和数据；其次，对收集到的资料进行筛选和甄别，确保信息的准确性和权威性；最后，将筛选后的材料进行分类整理，形成清晰的逻辑框架，便于在演讲中条理清晰地展开论述。这一过程不仅有助于提升演讲内容的丰富性，还能增强演讲的说服力和感染力。

三、撰写演讲稿的技巧

撰写演讲稿时，应紧扣主题，逻辑清晰。开头应引人入胜，迅速吸引听众注意。主体部分要条理分明，通过分段阐述，确保每一点都论述充分。适当使用过渡句，让演讲流畅自然。结尾则应有力且令人难忘，可总结要点或提出号召，加深听众印象。同时，语言要简洁明了，避免冗长和晦涩的表述。还应注意文采与情感，用恰当的修辞和真挚的情感触动听众。反复推敲，确保演讲稿既精准传达信息，又能激发听众共鸣。

四、演讲前的预演与修订

在演讲前的准备阶段，预演与修订是不可或缺的环节。通过多次预演，可以熟悉演讲内容，调整语速语调，确保演讲流畅自然。同时，预演还能帮助发现演讲中的不足之处，如逻辑不严谨、表达不清晰等问题。针对这些问题，进行有针对性的修订，优化演讲结构和语言表达。此外，预演还能在一定程度上缓解紧张情绪，增强自信心。因此，不要忽视演讲前的预演与修订，它们是确保演讲成功的关键步骤。通过反复锤炼，让演讲更加精彩纷呈。

第三节 演讲执行

一、有效的开场与引入

演讲的开场至关重要，它是吸引听众注意、奠定演讲基调的关键。有效的开场应简洁明了，迅速切入主题，同时富有吸引力，能够激发听众的兴趣。可以采用故事引入、提问互动、数据震撼或名言警句等方式，让听众从一开始就紧跟演讲者的思路。确保开场与演讲主题紧密相连，避免冗长和无关紧要的赘述，为后续的演讲内容打下良好的基础，让听众期待并专注于演讲者的每一句话。

二、内容的逻辑结构与展开

演讲，作为一种重要的沟通方式，不仅在学术、商业、政治等领域发挥着举足轻重的作用，而且也是个人表达观点、分享经验、传递情感的重要途径。一个成功的演讲，离不开精心构建的逻辑结构和流畅的展开方式。有效的逻辑结构不仅能够帮助演讲者清晰表达思想，也能使听众易于跟随，从而增强演讲的说服力与吸引力。

三、语言的运用与表达技巧

在演讲中，语言的运用至关重要。清晰、准确、富有感染力的表达能够增强演讲效果。注意语速适中，既不过快导致听众难以理解，也不过慢使演讲显得拖沓。语调应有起伏，适时运用停顿，以强化重点信息。同时，恰当使用比喻、排比等修辞手法，以及生动、形象的语言描述，能够吸引听众注意力，提升演讲的吸引力。此外，避免冗余词汇和复杂句式，保持语言简洁明了，让听众轻松理解演讲内容。

四、肢体语言与声音的运用

在演讲中，肢体语言与声音的运用至关重要。自信的站姿和恰当的手势可以加强演讲的说服力和感染力。同时，保持眼神交流能够拉近与听众的距离，传递真诚与专注。声音方面，要注意语速适中、音量清晰，并根据内容情感调整语调，使演讲更加生动有力。通过声音的高低起伏、快慢变化可以引导听众的情绪，增加演讲的吸引力。因此，合理运用肢体语言与声音是提升演讲效果不可或缺的技巧。

第四节　应对演讲紧张与挑战

一、识别与处理演讲焦虑

演讲焦虑是公众演讲中常见的心理障碍，表现为心跳加速、手心出汗、声音颤抖等。识别这一焦虑状态，关键在于自我觉察身体与心理的变化。处理演讲焦虑，可通过充分准备、深呼吸放松、正面思维暗示等方法。了解听众与场地，进行模拟演练，也能有效增强自信。对于紧张情绪，不妨将其视为成长的契机，通过技巧练习与心态调整，将焦虑转化为演讲的动力与激情，展现最佳风采。

二、增强自信与减少紧张的技巧

在公众演讲中，增强自信与减少紧张至关重要。首先，充分准备是关键，熟悉演讲内容能让你更加从容不迫。其次，练习深呼吸和放松技巧，有助于平复紧张情绪。再次，积极的心理暗示，如"我能行"，能显著提升自信心。此外，与观众建立良好的眼神交流，感受他们的支持与鼓励，也能有效缓解紧张感。最后，将注意力集中在演讲内容上，而非自身表现，能让你更加专注于传达信息，从而更加自信地面对挑战。

三、应对突发状况与难题的策略

在公众演讲中，突发状况与难题难以避免。关键在于冷静应对，灵活调整。遇到技术故障时，要保持镇定，迅速寻求现场技术支持或采用备用方案。若演讲内容受质疑，以开放态度倾听，用事实和数据有力回应。面对观众反应冷淡，可调整语气、增加互动，激发听众兴趣。记住，每一次挑战都是成长的契机，用智慧和勇气化解难题，将意外转化为演讲的亮点，展现你的应变能力和专业素养。

四、从失败中学习：反馈与改进

在公众演讲中，失败在所难免，但关键在于如何从失败中汲取教训。每一次演讲后，积极寻求听众的反馈至关重要。无论是内容上的不足、表达上的欠缺，还是互动环节的失误，都需要认真对待。根据反馈，进行有针对性的改进，不断优化演讲稿和演示技巧。记住，失败不是终点，而是成长的契机。勇于面对失败，从反馈中寻找提升的空间，你的演讲能力定能在不断试错与改进中迈上新台阶。

第五节　演示文稿的设计与使用

一、演示文稿的作用与设计原则

演示文稿在公众演讲中扮演着至关重要的角色，它能够辅助演讲者清晰地传达信息，增强演讲的吸引力和说服力。设计演示文稿时，应遵循简洁明了、重点突出、视觉统一等原则。确保每张幻灯片内容精炼，避免信息过载；通过字体、颜色和图片的巧妙运用，突出关键信息。同时，保持整体风格的一致性和协调性，使观众能够轻松跟随演讲者的思路，从而更好地理解和接受所传达的信息。

二、制作有效的幻灯片

在制作幻灯片时，务必追求简洁明了。每张幻灯片应聚焦于一个核心观点，避免信息过载；采用清晰的标题和条理分明的要点列表，帮助观众快速抓住要点；合理使用图表、图片和动画效果，以直观方式呈现复杂数据，但需警惕过度装饰导致的干扰；色彩搭配需和谐，字体大小应确保远距离也能清晰辨认。此外，保持幻灯片风格一致，强化专业形象。记住，幻灯片是辅助工具，关键在于你的演讲内容与表达方式。

三、演示文稿与演讲的协同

演示文稿与演讲应如影随形，相辅相成。设计精美的文稿能增强演讲的视觉效果，而流畅有力的演讲则能赋予文稿生命。在协同过程中，要确保文稿内容与演讲节奏相匹配，避免冗长或跳跃。通过精心挑选的图片、图表和动画，强化演讲要点，同时保持视觉上的简洁明了。演讲者还要灵活应对现场变化，适时调整文稿展示，确保演讲流畅自然。如此，演示文稿与演讲方能相得益彰，共同打造一场精彩绝伦的演示。

四、避免演示文稿的常见错误

在演示文稿的设计中，常见错误不容忽视。一是应避免文字过多，导致观众阅读负担重；二是应精简文字，突出要点；三是幻灯片背景与文字颜色搭配应和谐，确保文字清晰可见；四是慎用动画效果，过度使用易分散注意力，应适度点缀以增强趣味性。五是注意图表数据准确无误，避免误导观众；六是应确保文稿逻辑清晰、前后连贯，避免跳跃式陈述，要让观众轻松跟随思路，理解演示内容。

第六节 演讲互动与参与

【名人名言】

1. "Stay hungry, stay foolish（求知若饥，虚心若愚）。

——史蒂夫·乔布斯

2. 我梦想有一天，这个国家会站立起来，真正实现其信条的真谛，我们认为这些真理是不言而喻的：人人生而平等。

——马丁·路德·金

一、吸引听众的注意力

在公众演讲中，吸引听众的注意力至关重要。引人入胜的开场白、有趣的故事或震撼人心的事实，都能迅速抓住听众的心。利用视觉辅助工具，如 PPT、图表等，也能有效增强信息的吸引力。同时，保持与听众的眼神交流，用生动的语言和肢体语言传递热情，让听众感受到你的真诚与魅力，从而全程投入你的演讲之中。

二、提问与回答的技巧

在公众演讲中，提问与回答是互动的关键环节。提问时，应确保问题清晰、具体，引导听众思考。同时，给予听众足够的思考时间，鼓励不同观点的提出。在回答时，保持耐心和礼貌，对每个问题都给予认真对待。即使遇到刁钻问题，也应保持冷静，用智慧和幽默化解尴尬。记住，每一次回答都是展示自己专业知识和应变能力的好机会。通过巧妙的提问与回答，不仅能增强与听众的互动，而且能使演讲更加生动有趣。

三、小组讨论与活动的组织

小组讨论与活动是公众演讲中的重要环节，能有效促进观众参与和观点交流。组织时，应明确讨论主题与目标，设定清晰的规则与流程。选择具备引导力的主持人，确保讨论氛围积极有序。分组时应考虑成员多样性，促进多角度思考。准备充分的讨论材料，辅助参与者深入理解。活动过程中，鼓励开放提问与分享，适时引导讨论方向。结束后，总结关键观点，反馈参与者贡献，强化学习成果。通过精心组织，小组讨论与活动能显著提升演讲的互动性和实效性。

四、评估听众的反馈与参与程度

在公众演讲与演示中，评估听众的反馈与参与程度至关重要。通过观察听众的反应，如点头、微笑或提问频率，可以直观了解其接受度和兴趣点。同时，利用问卷调查或即时投票工具收集量化数据，能更精确地衡量信息传递效果。分析这些反馈，演讲者可以及时调整演讲节奏和内容，确保信息传递的准确性和有效性。此外，鼓励听众分享个人见解，不仅能提升参与感，还能为演讲增添更多价值。因此，有效评估听众反馈，是优化演讲效果的关键步骤。

第七节　演讲后的工作

一、演讲效果的评估与反思

演讲结束后，及时对演讲效果进行评估与反思至关重要。通过收集听众反馈，了解信息传递的准确性和接受度；分析现场互动情况，评估演讲的吸引力与感染力。同时，回顾演讲过程中的表现，识别紧张情绪管理、语言表达及时间控制等方面的亮点与不足。只有经过深刻的反思，才能不断总结经验，提升未来的演讲技能，确保每一次演讲都能达到预期效果，甚至超越自我。

二、演讲内容的后续跟进

演讲结束后，并非所有工作都已画上句号。为了确保演讲效果持久，演讲者应进行后续跟进。这包括收集听众反馈，了解演讲信息的接收程度与反响。通过问卷、邮件或面对面交流，获取听众的见解与建议，有助于优化未来的演讲内容。同时，根据演讲目的，制订并执行后续行动计划，如分享相关资源、提供进一步咨询或启动项目合作。这些跟进措施能巩固演讲成果，加深听众印象，实现演讲价值的最大化。

三、建立与听众的长期联系

演讲结束并不意味着与听众的联系就此中断。为了深化影响，建立长期联系至关重要。可以通过社交媒体、邮件或专门建立的社群，持续分享与演讲主题相关的深度内容、最新资讯或实用资源。定期互动，回应听众反馈，展现真诚与关怀。必要时，组织线下交流会，让听众在更轻松的环境中深化理解、交流心得。这些举措不仅能巩固演讲效果，还能逐步构建起一个围绕共同兴趣的活跃社群。

四、演讲技能的持续提升路径

演讲后的工作远不止于谢幕，而是技能提升的新起点。要持续提升演讲技能，需要不断反思总结，识别并改进不足之处。要积极参与工作坊、培训课程，学习新技巧与理论。同时，观看优秀演讲视频，借鉴他人之长。实战演练不可或缺，无论是小型聚会还是大型会议，都应勇于登台，将所学应用于实践。此外，要培养广泛兴趣，丰富知识储备，使演讲内容更具深度与广度。

简述题

1. 简述演讲者的角色与责任。
2. 阐述演讲前的准备工作。
3. 分析演讲中应对紧张与挑战的方法。
4. 说明演示文稿的设计原则与制作要点。
5. 简述演讲后的工作内容。

即测即练　　　　　　　本章案例分析

自学自测　　扫描此码　　

第八章

会议与团队沟通

学习目标

1. 掌握会议组织与引导技巧，成为会议效率引擎；
2. 学会冲突分析与化解，建设和谐工作环境；
3. 提升听与说的艺术，确保信息准确流通；
4. 强化团队精神，提升集体作战能力；
5. 构建高效会议生态，实现团队与个人双赢。

第一节　有效主持与参与会议的技巧

一、主持会议的准备工作

主持会议是一项需要细致准备和高度组织能力的工作。一个成功的主持人不仅能确保会议顺利进行，还能激发团队成员的积极性和创造力。以下是主持会议前必须完成的几项关键准备工作。

第一，明确会议目标。在筹备会议时，主持人应清晰界定会议的目的、预期成果以及讨论的重点。这有助于参会者提前了解会议内容，做好相应的准备。

第二，制定详细的会议议程。议程应涵盖会议的所有关键环节，包括开场白、主题讨论、时间分配和结束语等。明确的议程可以让会议进程有条不紊，避免时间浪费。

第三，确定参会人员。根据会议议题的重要性，邀请相关人员参加，并确保他们在会议前收到相关材料和通知。这有助于提高会议的效率和参与度。

第四，准备好会议所需的设备和资料。检查投影仪、音响、电脑等设备是否正常运行，确保会议材料如 PPT、报告等准确无误。这些物质准备是会议顺利进行的基础。

第五，主持人要做好心理准备，了解参会者的背景和意见倾向，预测可能出现的分歧和冲突，并提前思考应对策略。保持冷静、自信和开放的态度，以便在会议中灵活应对各种情况。

通过充分的准备工作，主持人可以为会议的成功举行奠定坚实的基础，确保团队沟通的高效和顺畅。

二、引导会议进程的方法

在有效主持与参与会议的过程中，引导会议进程是确保会议高效、有序进行的关键，如图8-1所示。以下是一些实用的引导方法。

第一，明确会议议程。在会议开始前，主持人应详细规划并公布会议议程，确保每位参与者都清楚会议的目的、讨论内容和时间安排。这有助于维持会议的焦点，避免偏离主题。

第二，灵活掌握时间。主持人应密切关注会议进度，合理分配每个环节的时间，确保重要议题得到充分讨论。同时，避免冗长无意义的发言。在必要时，可适当调整议程顺序或缩短某些环节的讨论时间。

第三，鼓励积极参与。主持人应通过提问、邀请发言等方式，积极调动参会者的积极性，让每个人都有机会表达自己的观点。同时，也要善于倾听，给予每位发言者充分的尊重和反馈。

第四，妥善处理分歧。当会议中出现意见不合时，主持人应迅速介入，引导双方以理性和尊重的态度进行沟通，寻求共识。可通过组织小组讨论、投票表决等方式，帮助团队做出决策。

第五，总结会议成果。在会议结束前，主持人应简要回顾会议讨论的主要内容和达成的共识，明确后续行动计划及责任人。这有助于巩固会议成果，确保会议目标的实现。

通过以上方法，主持人可以更加有效地引导会议进程，促进团队沟通与协作，提升会议效率与质量。

图 8-1　引导会议进程的方法

三、高效参与会议的策略

在会议中，高效参与不仅能够提升个人影响力，还能促进团队整体效能。以下策略有助于实现这一目标。

（1）充分准备。会前仔细阅读会议议程和相关资料，明确会议目的和讨论重点。思考个人见解和可能的贡献点，以便在讨论时迅速切入主题。

（2）积极倾听。会议中，全神贯注地听取他人发言，理解其观点背后的逻辑和意图。通过点头、微笑等非言语方式表达认可，营造开放包容的讨论氛围。

（3）适时发言。在适当的时候提出自己的观点，避免打断他人或过早下结论。发言时条理清晰，突出重点，确保信息传达准确有效。

（4）有效提问。针对讨论中的模糊点或遗漏之处，提出有建设性的问题，引导讨论深入。提问时保持礼貌和尊重，避免产生对立情绪。

（5）记录与反馈。会议过程中，记录关键信息和决策点，以便后续跟进。对他人提出的建议或意见给予积极反馈，展现团队合作精神。

（6）灵活应变。会议进程可能因各种因素而偏离预期。要保持开放和灵活的态度，根据现场情况调整参与策略，确保会议目标顺利达成。

通过遵循上述策略，参与者不仅能在会议中充分发挥个人价值，还能促进团队间的有效沟通与协作，共同推动项目向前发展。

四、会议总结与反馈的重要性

在会议流程中，会议总结与反馈往往扮演着至关重要的角色，它不仅是对会议成果的提炼与升华，更是促进团队协作与持续改进的关键步骤。

会议总结能够清晰地勾勒出讨论的要点、达成的共识以及下一步的行动计划，如表 8-1 所示。它可帮助与会者回顾会议全程，确保每个人都对会议结果有准确的理解。通过总结，可以避免信息的遗漏或误解，确保所有关键信息都被准确记录并传递给相关人员。

表 8-1　会议总结要点

要　点	重　点　内　容
会议基本信息	会议主题；会议时间；会议地点；参会人员
会议议程回顾	按顺序梳理各环节；各环节重点内容概括
会议讨论内容总结	主要观点汇总；达成的共识；存在的分歧
会议决策与成果	做出的决策事项；取得的阶段性成果
下一步行动计划	任务分配情况；时间节点安排；预期目标设定
会议整体计划	会议效率评估；沟通效果评价；对后续工作的指导意义判断

反馈机制是衡量会议效果、激发团队活力的有效手段。鼓励参会者积极提供反馈，无论是正面的肯定还是建设性的批评，都能为未来的会议组织提供宝贵的参考。正面的反馈能够增强团队的凝聚力，而建设性的批评则有助于发现会议组织及讨论过程中的不足，从而推动持续改进。

此外，会议总结与反馈还有助于培养团队成员的责任感和执行力。当每个人都清楚自己在会议后需要承担的任务时，团队的整体效率将显著提升。同时，反馈机制的存在也会让团队成员感受到自己的声音被重视，从而更加积极地参与到团队讨论和决策中来。

综上所述，会议总结与反馈是会议流程中不可或缺的一环。它不仅能够确保会议成果的准确传递与落实，还能够促进团队的沟通与协作，推动团队的持续进步与发展。因此，在每次会议结束时，都应留出足够的时间进行总结与反馈，让会议真正成为推动团队前进的有力工具。

第二节 冲突解决与合作的基础

【名人名言】

在团队中，冲突是不可避免的，但如何处理冲突是可以选择的。

——肯·布兰查德

一、冲突产生的原因分析

在团队沟通与协作的过程中，冲突是难免的。了解冲突产生的原因，对于有效解决冲突至关重要。冲突的产生往往源于多个方面。

首先，团队成员之间的差异。团队成员在性格、价值观、教育背景和工作习惯等方面的不同，容易引发理解和行动上的分歧。这种分歧若不能妥善处理，就会逐渐演变为冲突。

其次，资源争夺。在有限的资源条件下，团队成员可能会因为资源的分配不均或优先级设定不同而产生矛盾。这种冲突往往涉及利益问题，解决起来需要更加谨慎。

再次，沟通障碍。团队成员之间若缺乏有效的沟通渠道或沟通方式不当，就可能导致信息的误解和传递失真。这种沟通不畅不仅会影响工作效率，还可能引发不必要的误解和冲突。

最后，团队目标和角色定位不清。若团队成员对团队目标缺乏共识，或对自己的角色和责任模糊不清，就可能在执行任务时出现偏差，进而产生冲突。

综上所述，冲突产生的原因多种多样，但归根结底都源于团队成员之间的差异、资源争夺、沟通障碍，以及团队目标和角色定位不清。只有深入剖析这些原因，才能有针对性地采取措施，有效解决冲突，促进团队的合作与发展。

二、冲突解决的基本原则

在团队沟通与协作的过程中，冲突不可避免。然而，冲突并非全然负面，若能有效解决，反而更能激发团队的创造力与凝聚力。以下是冲突解决的基本原则，旨在指导人们妥善处理团队内的矛盾与分歧。

首先，坦诚沟通是冲突解决的首要原则。双方应以开放、诚实的态度交流想法与感受，避免误解与猜疑的滋生。有效的沟通可以增进彼此的理解，为冲突的化解奠定基础。

其次，尊重差异至关重要。团队成员来自不同的背景与经历，对同一问题的看法难免存在差异。团队成员应尊重这些差异，学会从他人的视角看问题，以更加包容的心态面对冲突。

再次，寻求共赢是冲突解决的终极目标。在解决冲突时，双方应努力寻找能够满足彼此需求的解决方案，而非简单地一方妥协或另一方胜利。通过合作与协商，双方可以共同创造出比单一视角更优越的解决方案。

最后，及时行动也是冲突解决不可忽视的原则。一旦冲突发生，团队成员应迅速采取措施予以解决，避免其升级为更严重的矛盾。及时、果断的行动有助于维护团队的稳定与和谐。

总之，坦诚沟通、尊重差异、寻求共赢与及时行动是冲突解决的基本原则。遵循这些原则，可以更加有效地化解团队内的冲突，促进团队的健康发展与协作效率的提升。

三、合作意识的培养与实践

在团队中，合作意识的培养是冲突解决与合作的基础之一。一个具备高度合作意识的团队，往往能够更有效地应对各种挑战，实现共同目标。合作意识培养要点如表 8-2 所示。

表 8-2   合作意识培养要点

合作意识要点	重 点 内 容
明确共同目标	确定清晰的目标；理解目标的重要性
建立良好沟通	鼓励开放表达；积极倾听他人；有效反馈机制
促进相互信任	言行一致；尊重差异；共享信息
强化团队协作	明确分工与责任；培养团队精神；解决冲突矛盾
提升个人能力	专业技能培养；合作能力训练；自我反思与改进

要想培养合作意识，首先需要从团队成员的个体心态入手。每个成员都应树立"我们"而非"我"的观念，认识到个人的成功与团队的成就密不可分。通过组织团队建设活动、分享成功案例等方式，可以增强成员间的归属感和集体荣誉感，从而激发他们为团队贡献力量的意愿。

实践是检验合作意识的最好方式。在团队工作中，可以设计一些需要多人协作完成的任务，如项目策划、市场调研等。这些任务不仅能够锻炼成员的沟通能力，还能让他们在共同解决问题的过程中，体验到合作的乐趣和成效。同时，建立明确的责任分工和激励机制，确保每个成员都能在合作中找到自己的位置和价值，进一步提高他们的合作积极性。

此外，鼓励团队成员之间的正向反馈和相互学习也是培养合作意识的重要途径。当成员在合作中有优秀的表现时，应及时给予肯定和鼓励；当遇到问题时，大家应共同探讨解决方案，而不是相互指责。这种积极的团队氛围有助于增强成员间的信任和尊重，为合作打下坚实的基础。

综上所述，合作意识的培养与实践需要团队成员的共同努力和持续投入。只有建立起高度合作的团队文化，才能在面对冲突和挑战时，迅速凝聚力量，共同迈向成功。

四、团队建设中的冲突与合作案例

在团队建设中，冲突与合作是并存的两个方面。以下是一个典型的团队建设案例，展示了冲突如何转化为合作，进而推动团队发展。

某创新科技公司的一个项目团队在开发新产品时遇到了严重的技术难题。团队中的技术专家和市场分析师在解决方案上产生了严重分歧。技术专家倾向于采用前沿但风险较高的技术方案，而市场分析师则担心这种方案可能不被市场接受，主张采用更为保守的方案。

这种分歧导致团队内部出现了紧张气氛，项目进展也受到了影响。为了打破僵局，团队领导组织了一次深入的讨论会，鼓励大家充分表达自己的观点和理由。在会上，技术专家详细解释了新方案的潜在优势，而市场分析师则分析了市场的接受度和风险。

经过充分的交流和讨论，团队逐渐找到了一个平衡点。他们决定在保持技术先进性的同时，也充分考虑市场接受度和风险控制。为了实施这一方案，团队成员开始更加紧密地合作，共同攻克技术难关，并加强与市场部门的沟通，以确保产品能够成功推向市场。

最终，这个团队不仅成功解决了技术难题，还开发出了一款备受市场欢迎的新产品。在这个过程中，他们深刻体会到了解决冲突与合作的重要性。冲突是团队发展中不可避免的现象，但只要通过有效的沟通和合作，就能够将冲突转化为推动团队前进的动力。这个案例也充分展示了团队建设中冲突与合作并存、相互促进的辩证关系。

第三节　有效沟通技巧在会议中的应用

一、倾听技巧在会议中的重要性

在会议的沟通与交流中，倾听技巧占据着举足轻重的地位。有效的倾听不仅能够促进信息的准确传递，还能增强团队成员之间的理解和信任，为会议的顺利进行奠定坚实的基础。

首先，倾听是理解他人观点和需求的关键。在会议中，每个成员都可能带着自己的见解和期望，通过倾听，主持人和参与者可以更加全面地把握各方的立场，从而避免误解和偏见。这不仅有助于形成共识，还能提高决策的科学性和合理性。

其次，倾听能够营造积极的会议氛围。当每个成员都感受到自己的声音被重视时，他们会更加愿意敞开心扉，积极参与讨论。这种积极的互动不仅能够激发团队的创造力和凝聚力，还能提升会议的整体效率。

最后，倾听还是一种重要的反馈机制。通过倾听他人的发言，团队成员可以及时发现并纠正自己的误解和偏差，从而不断完善自己的观点和方案。这种动态的调整过程有助于形成更加成熟和可行的会议成果。

因此，在会议中，无论是主持人还是参与者，都应该注重培养自己的倾听技巧。通过保持专注、避免打断、及时反馈等方式，团队成员可以更好地理解和尊重他人的意见，共同推动会议的顺利进行。这将有助于提升团队的整体效能，实现更加卓越的业绩。

二、准确表达观点与意见的方法

在会议中，准确表达观点与意见是确保沟通有效的关键。以下是一些实用的方法，可帮助你在团队讨论中清晰、有力地传达自己的想法。

第一，明确表达主题。在发言前，先梳理好自己的思路，确保自己知道要说什么。这有助于避免在表达过程中偏离主题，使听众能够迅速抓住你的核心观点。

第二，使用简洁明了的语言。避免使用过于复杂或专业的术语，以免让听众感到困惑。用简单直接的话语来表达你的想法，这样更容易被理解和接受。

第三，注重语气和态度。在表达观点时，保持积极、开放的态度，避免过于强硬或消极的语气。这有助于营造一个良好的讨论氛围，使团队成员更愿意倾听和接受你的意见。

第四，学会倾听他人的反馈。在表达自己的观点后，耐心听取他人的意见和建议，这有助于你进一步完善自己的想法，并促进团队之间的共识。

第五，适时提供证据支持。如果可能的话，用数据、事实或案例来支持你的观点，这将增强你的说服力，使你的意见更容易被团队接受和采纳。

通过遵循以上方法，你可以在会议中更加准确、有效地表达自己的观点与意见，为团队沟通和决策贡献自己的力量。同时，这也有助于提升你的个人影响力和团队协作能力。

三、非语言沟通在会议中的作用

在会议的沟通与交流中，非语言沟通作为一种隐性的信息传递方式，扮演着举足轻重的角色。它不仅能够补充和强化口头语言所表达的信息，还能在无形中营造会议氛围，影响团队成员间的互动与合作。

非语言沟通包括肢体语言、面部表情、眼神交流以及声音特质等多个方面。在会议中，一个自信的微笑、一个鼓励的眼神或是一个恰当的点头，都能有效地传达出对发言者的尊重与认可，从而增强团队的凝聚力。同时，通过细致观察与会者的非语言信号，如姿态的放松或紧张、表情的愉悦或不悦，主持人可以及时调整会议节奏，确保讨论更加顺畅高效。

此外，非语言沟通还能在冲突解决中发挥重要作用。当会议中出现意见分歧时，通过捕捉并解读各方的非语言反应，如皱眉、摇头等，可以更加敏锐地捕捉到潜在的负面情绪，从而及时采取调解措施，避免冲突升级。同时，利用非语言沟通手段，如保持冷静的姿态、使用平和的语调，也有助于缓解紧张气氛，促进双方的理解和妥协。

综上所述，非语言沟通在会议中不仅是信息传递的辅助工具，更是营造和谐氛围、促进有效沟通与合作的关键因素。因此，无论是会议主持人还是参会者，都应重视并善用非语言沟通技巧，以更加全面、深入地理解彼此，共同推动会议目标的达成。

四、沟通技巧提升的实践途径

在会议中，沟通技巧的提升不仅关乎个人能力的成长，更直接影响团队协作与决策效率。以下是几种实践途径，旨在帮助会议参与者有效提升沟通技巧。

（1）模拟演练。定期组织角色扮演活动，模拟会议中的各种场景，如提出异议、引导讨论等。通过实战演练，参与者能在安全的环境中练习并反思自己的沟通方式，逐步优化表达与倾听技巧。

（2）反馈循环。建立会议后的反馈机制，鼓励成员相互评价沟通效果。正面与建设性的反馈有助于识别强项与改进空间，促进个人成长与团队和谐。

（3）专业培训。参加沟通技巧、情绪智力或领导力提升等培训课程。专业指导能系统性地增强语言表达、非语言沟通以及冲突管理能力，为高效会议奠定坚实基础。

（4）阅读与学习。广泛阅读关于有效沟通与团队协作的书籍、文章，关注行业动态中的沟通案例。理论学习结合实践反思，能够不断拓宽视野，启发新的沟通策略。

（5）持续实践。将所学技巧应用于每一次会议中，无论是正式汇报还是非正式交流。通过不断的实践与应用，沟通技巧将逐渐内化，成为自然而然的行为习惯。

通过上述实践途径的持续努力，会议中的沟通将更加高效、和谐，为团队目标的实现提供有力支持。

第四节　团队协作与会议效率的提升

一、团队协作对会议效率的影响

团队协作在提升会议效率方面扮演着至关重要的角色。一个高效协作的团队能够显著优化会议流程，确保会议目标的顺利达成。

首先，良好的团队协作有助于明确会议目的和议程。团队成员之间若能事先沟通并达成共识，就能制定出更加精炼、有针对性的会议议程，避免会议中偏离主题或浪费时间。这种共识还能确保每位参会者都清楚会议的目标，从而更加专注于讨论和决策。

其次，团队协作能够提升会议中的沟通效率。团队成员间的默契和信任使信息传递更加顺畅，减少了误解和重复解释的时间。在团队协作良好的氛围中，参会者更愿意开放思维，积极发表意见，这有助于快速收敛观点，形成共识。

最后，团队协作还能促进会议后的执行与跟进。当团队成员对会议决策有共同的理解和认同时，他们更有可能积极主动地执行决策，并在执行过程中保持沟通，及时调整策略，确保会议成果得到有效转化。

综上所述，团队协作是提升会议效率的关键因素。通过加强团队成员间的沟通、协作与信任，可以显著提高会议的针对性和实效性，推动团队目标的快速实现。因此，在组织和参与会议时，应注重培养团队协作精神，营造积极向上的会议氛围。

二、高效团队协作的特征与实现方法

高效团队协作是提升会议效率与项目成功的关键。其特征主要体现在以下几个方面。

（1）目标一致性。团队成员对共同目标有清晰的认识和认同，能够围绕这一目标协同努力，形成合力。

（2）信息透明。团队内部信息流通顺畅，成员间能够及时分享重要信息和进展，减少误解和隔阂。

（3）角色明确。每个成员都清楚自己的职责和定位，能够充分发挥个人优势，实现团队效能的最大化。

（4）有效沟通。团队成员之间沟通频繁且高效，能够迅速解决问题，减少冲突和拖延。

（5）相互信任。建立在诚信和尊重基础上的团队氛围，成员间相互信任，愿意为团队目标付出努力。

要实现高效团队协作，可以采取以下方法。

（1）明确团队目标。确保每位成员都了解并认同团队目标，将其转化为个人行动的动力。

（2）建立沟通机制。定期召开团队会议，使用有效的沟通工具，保持信息畅通无阻。

（3）优化角色分配。根据成员能力和兴趣进行角色定位，激发团队潜力。

（4）培养信任文化。通过团队建设活动和正面激励，增强成员间的信任和归属感。

（5）持续反馈与改进。建立反馈机制，及时发现问题并采取措施进行改进，不断提升团队协作效率。

三、会议流程优化与效率提升策略

在团队协作中，会议是不可或缺的一环，但冗长低效的会议往往成为团队效率的绊脚石。因此，优化会议流程、提升会议效率成为提升团队协作水平的关键。

首先，明确会议目标与议程是前提。会议召集人应在会议前清晰界定会议目的，并制定详细议程，确保每位参会者都能对会议内容有基本了解，从而有针对性地准备，减少会议中的无效讨论。

其次，强化时间管理至关重要。为会议设定明确的时间限制，并为每个环节分配合理的时间，鼓励参会者紧扣主题发言，避免离题万里。同时，设立时间提醒，确保会议按时推进，不拖延。

再次，引入有效沟通机制。鼓励参会者积极发言，同时采用轮流发言、小组讨论等形式，确保每个人的声音都被听到。此外，利用现代科技手段，如视频会议软件中的投票、注释功能，提升会议互动性和效率。

最后，落实会议成果与反馈。会议结束后，应及时整理会议纪要，明确会议决策和行动计划，并分配给相关责任人。同时，建立会议效果评估机制，收集参会者对会议流程、效率等方面的反馈，以便持续优化。

总之，通过明确会议目标与议程、强化时间管理、引入有效沟通机制，以及落实会议成果与反馈，可以显著提升会议效率，促进团队协作与沟通，为团队目标的实现奠定坚实的基础。

四、团队协作与会议效果评估机制

在团队协作中，会议是不可或缺的一环，它不仅是决策的平台，更是团队沟通与协调的重要工具。为了确保会议能够真正促进团队协作，提升工作效率，建立一套有效的会议效果评估机制显得尤为重要。

会议效果评估机制应明确会议的目标与预期成果，确保每次会议都有明确的方向和目的。会议结束后，通过收集参会人员的反馈意见，对会议的实际效果进行客观评价。这包括但不限于会议议程的合理性、讨论效率、决策质量以及后续执行情况的跟踪。

在评估过程中，不仅要关注会议本身的流程与表现，更要深入剖析团队协作的成效。通过会议中团队成员的互动与表现，可以评估团队的沟通能力、协调能力以及解决问题的能力。同时，会议决策的执行情况也是检验团队协作效果的重要指标。

为了持续优化会议效果，评估机制还应包含改进建议的收集与落实。针对会议中暴露出的问题与不足，鼓励团队成员积极提出改进建议，并明确责任人与改进时限，确保问题得到及时解决。

综上所述，团队协作与会议效果评估机制是提升会议效率、促进团队协作的重要保障。通过明确的评估标准、客观的反馈机制以及持续改进的态度，企业可以不断优化会议流程，提升团队协作水平，从而为其创造更大的价值。

简述题

1. 简述主持会议的准备工作的重要性及各环节内容。
2. 阐述冲突解决的基本原则及其意义。
3. 如何在会议中提升沟通技巧？
4. 高效团队协作具有哪些特征？如何实现高效团队协作？
5. 阐述会议效果评估机制的重要性及主要内容。

即测即练　　　　本章案例分析

自学自测　　扫描此码　

第九章

危机管理与谈判

◆ **学习目标**

1. 强化危机意识，提升预警与预防能力；
2. 建立敏捷反应机制，及时控制局势；
3. 掌握信息控制技巧，保持沟通畅通无阻；
4. 学会情感管理，平衡各方期待；
5. 借鉴历史案例，提炼实战智慧，灵活运用。

第一节　危机沟通策略基础

【名人名言】

危机管理的关键在于有效沟通，它能够将混乱转化为秩序，将危机转化为机遇。

——希斯

一、危机沟通的定义与重要性

危机沟通是指在组织面临突发事件、紧急状况或重大威胁时，为了维护组织形象、减少损失、保障利益相关者的权益，而采取的一系列信息交流和协调行动。它不仅是危机管理中的关键环节，也是确保组织能够顺利渡过难关、恢复正常运行的重要手段。

危机沟通的重要性不言而喻。

首先，有效的危机沟通能够迅速传递信息，帮助组织内部成员和外部利益相关者了解危机的真实情况，避免谣言和误解的扩散。在危机发生时，公众往往处于信息真空状态，任何模糊或延迟的信息都可能引发恐慌和不安。因此，及时、准确、透明的沟通是稳定人心、恢复信任的关键。

其次，危机沟通有助于组织建立和维持良好的声誉。面对危机，组织若能积极应对、勇于承担责任，并通过沟通展示其解决问题的决心和能力，将能够赢得公众的理解和支持。相反，若沟通不当或缺乏诚意，则可能加剧危机的影响，甚至会使组织陷入信任危机。

最后，危机沟通还能够促进组织内部的团结和协作。在危机面前，组织需要全体成员齐心协力、共同应对。有效的沟通能够激发员工的责任感和使命感，促进资源的合理配置和高效利用，从而增强组织的整体应对能力。

因此，危机沟通不仅是危机管理的核心策略之一，也是组织在复杂多变环境中保持稳定、持续发展的重要保障。

二、危机沟通计划的制订

在危机管理中，制订一个周密的沟通计划至关重要。这一计划不仅需要在危机爆发前进行充分准备，还需要在危机发生时迅速响应，以及在危机过后进行妥善收尾。具体过程如图 9-1 所示。

| 明确沟通目标 | → | 确定沟通内容和方式 | → | 考虑沟通时机和频率 | → | 建立反馈机制 | → | 优化沟通策略 |

图 9-1　危机沟通的过程

制订危机沟通计划的首要任务是明确沟通目标。这包括确定需要向哪些利益相关者传达信息，以及希望通过沟通达到何种效果。例如，可能需要向员工、客户、媒体和政府机构等不同群体传递不同的信息。

接下来，需要确定沟通内容和方式。内容应当准确、清晰，并符合危机管理的整体策略；方式则需要根据目标受众的特点来选择，如通过新闻发布会、社交媒体、内部邮件或面对面会议等渠道进行传达。

在计划中，还需要考虑沟通时机和频率。危机发生时，信息的及时传递至关重要，但同时也要避免过度沟通导致的信息混乱。因此，需要设定合理的沟通时间表和频率，确保信息能够有序、有效地传递。

此外，制订危机沟通计划时，还需要建立反馈机制。这有助于了解沟通效果，及时发现并纠正沟通中的问题。通过收集和分析利益相关者的反馈，可以不断优化沟通策略，提高危机管理的效果。

综上所述，危机沟通计划的制订是一个系统性、前瞻性的过程。它要求管理者在危机发生前做好充分准备，明确沟通目标，确定沟通内容和方式，设定合理的沟通时机和频率，并建立有效的反馈机制。只有这样，才能在危机来临时保持冷静、有序地应对，最大限度地减少危机带来的负面影响。

三、识别并及时应对危机信号

在危机管理中，识别并及时应对危机信号是预防危机升级、减少损失的关键步骤。如表 9-1 所示，常见的危机类型有：财务危机、市场危机、人力资源危机、公共关系危机。

表 9-1 企业中常见的危机类型

危 机 类 型	表 现 方 面	具体表现形式
财务危机	资金流动性；财务指标	现金短缺；存货积压严重；利润率持续下降；资产覆盖率过高
市场危机	市场需求；竞争环境	产品销量锐减；市场份额流失；客户投诉增多；新竞争对手涌入；竞争对手恶意攻击
人力资源危机	员工离职率；员工满意度	关键岗位人员离职；员工整体离职率过高；工作氛围压抑；员工工作积极性下降
公共关系危机	媒体报道方面；社会舆论方面	负面新闻曝光；媒体关注度异常升高；社交媒体上的负面舆情发酵；公共形象受损

第一，组织应建立一套完善的危机预警系统，通过监测内外部环境的细微变化，及时发现潜在危机。这要求管理者具备高度的敏感性和洞察力，能够从日常数据中捕捉到异常信息，并对其进行深入分析。

第二，面对识别出的危机信号，组织应迅速启动应急响应机制。这包括制定初步的应对策略、明确责任分工、确保信息畅通等。同时，要保持与利益相关者的有效沟通，避免信息不对称导致的恐慌和误解。

在应对危机信号的过程中，灵活性和创新性同样重要。面对不断变化的环境，组织需要不断调整策略，寻找最优解。此外，还要注重危机后的恢复与总结，从每次危机中汲取教训，完善危机管理体系。

总之，识别并及时应对危机信号是危机沟通策略的基础。只有准确捕捉危机信号，迅速作出反应，才能有效控制危机的发展，保护组织的声誉和利益。因此，管理者应时刻保持警惕，不断提升自身的危机管理能力，为组织的稳健发展保驾护航。

四、有效的信息传递机制

在危机管理中，有效的信息传递机制是确保各方及时、准确获取关键信息的关键。一个高效的信息传递系统能够迅速识别、评估和传达危机信息，为决策者提供有力的支持，同时也能够稳定公众情绪，减少不必要的恐慌和误解。

有效的信息传递机制需要建立在多渠道、多层次的信息网络之上。这包括正式的沟通渠道，如新闻发布会、内部通报系统等，以及非正式的沟通渠道，如社交媒体、员工间的私下交流等。通过多元化的信息传递方式，可以确保信息覆盖到所有相关方，减少信息传递的盲点和死角。

在信息传递过程中，信息的准确性和透明度至关重要。危机管理者需要确保所传递的信息真实可靠，避免夸大或缩小事实，以免引起不必要的恐慌或误解。同时，信息的透明度也能够增强公众对危机管理团队的信任和支持。

此外，有效的信息传递机制还需要注重信息的反馈和修正。通过收集和分析各方的反馈意见，可以及时发现信息传递中存在的问题和不足，并进行相应的调整和改进。这种动态的反馈机制有助于不断优化信息传递流程，提高信息传递的效率和准确性。

综上所述，有效的信息传递机制是危机管理的重要组成部分。通过建立多渠道、多层次的信息网络，确保信息的准确性和透明度，以及注重信息的反馈和修正，可以构建一个高效、稳定的信息传递系统，为危机管理提供有力的支持。

第二节　危机沟通的实施技巧

一、建立快速反应机制

在危机管理中，时间往往是最宝贵的资源。一个高效、敏捷的快速反应机制，是确保危机得以妥善应对的关键。建立快速反应机制，意味着企业或个人在面对突发事件时，能够迅速启动应急预案，及时传递信息，并有效调动内外部资源。

首先，明确责任分工是建立快速反应机制的基础。危机管理团队应预先设定好各成员的职责，确保在危机发生时，每个人都能够迅速找到自己的定位，并投入工作。这要求团队成员不仅要具备专业技能，还要有良好的应变能力和团队协作精神。

其次，信息流通的顺畅至关重要。在危机沟通中，信息的及时传递和准确解读是避免误解和恐慌的关键。因此，建立一套高效的信息传递系统，确保信息在团队内部以及与外部利益相关者之间的流通，是快速反应机制不可或缺的一部分。

最后，培训与演练也是提升快速反应能力的重要手段。通过定期的危机管理培训和模拟演练，团队成员可以熟悉应急预案的流程，提高应对危机的熟练度和自信心。这有助于在实际危机发生时，团队能够迅速进入状态，高效应对。

综上所述，建立快速反应机制是危机沟通实施技巧中的重要一环。通过明确责任分工、保障信息流通顺畅以及加强培训与演练，企业或个人可以更有效地应对危机，降低损失，保护自身利益和声誉。

二、保持信息的一致性与准确性

在危机管理的沟通实施中，保持信息的一致性与准确性是至关重要的。这不仅关乎危机处理的效率，更直接影响组织形象和公众信任度。

保持信息的一致性，意味着在危机沟通的全过程中，无论是内部传达还是对外发布，信息的核心内容必须保持一致。这要求危机管理团队内部有明确的沟通机制和流程，确保所有成员对危机情况有统一的认识和表述。同时，对外沟通时，应确保所有对外发布的声明、公告等，在时间上和内容上保持连贯和一致，避免给公众造成信息混乱或误解。

而信息的准确性，则是危机沟通的生命线。任何虚假、误导性的信息都可能加剧危机，损害组织声誉。因此，在收集、整理、发布信息时，必须严格把关，确保信息的真实性、可靠性。这要求危机管理团队具备敏锐的洞察力、准确的判断力，以及快速核实信息的能力。同时，对于不确定、待确认的信息，应谨慎发布，避免造成不必要的恐慌和误解。

在实施危机沟通时，还应注重信息的透明度和公开性。及时、全面地向公众披露危机情况、处理进展和结果，有助于增强公众的信任感，降低危机的负面影响。同时，也有助于组织从危机中汲取教训，完善自身的危机管理体系。

综上所述，保持信息的一致性与准确性是危机沟通实施中的关键环节，需要危机管理团队在沟通策略、机制建设、信息发布等方面下足功夫。

三、情感管理与公众期望管理

在危机管理中，情感管理与公众期望管理是两个至关重要的环节。它们不仅关乎危机处理的成效，还直接影响组织的声誉与长远发展。

情感管理，是指在危机情境下，对涉及各方的情绪进行妥善引导和调节。危机往往伴随着紧张、恐惧、愤怒等负面情绪，若不及时处理，可能引发更大的混乱。因此，管理者需要具备高度的同理心，通过真诚沟通、积极倾听和适当安抚，有效缓解各方情绪。同时，保持冷静和理性，避免自身情绪失控，是情感管理的关键。通过情感管理，可以建立信任，为后续的危机解决打下良好基础。

公众期望管理，则是关于如何合理设定并管理公众对危机处理的期望。在危机发生时，公众往往对组织抱有高度期待，希望看到迅速、公正且有效的应对措施。管理者要清晰了解公众的关注点和诉求，通过透明化的信息发布、及时且负责任的回应，来塑造公众的正面认知。同时，要避免过度承诺，确保实际行动与公众期望保持合理匹配，以免因落差过大而损害组织形象。

综上所述，情感管理与公众期望管理在危机管理中相辅相成，共同推动危机向积极方向发展。通过有效实施这两项管理策略，不仅可以减轻危机带来的负面影响，还能为组织赢得宝贵的公众信任和支持，为未来的稳定发展奠定坚实基础。

四、媒体关系与舆情监控

在危机管理中，媒体关系与舆情监控是不可或缺的技能。媒体不仅是信息传播的重要渠道，更是塑造公众认知和情绪的关键因素。因此，建立和维护良好的媒体关系，以及实施有效的舆情监控，对于危机沟通至关重要。

企业应建立完善的媒体数据库，了解各类媒体的报道风格、关注领域及联系方式，以便在危机发生时迅速反应。保持与媒体的密切沟通，定期提供最新动态和背景资料，有助于确保信息的准确传播，减少误解和谣言的产生。

舆情监控则是对公众针对某一事件或主题产生的观点、情绪和态度进行收集、整理和分析的过程。通过设定监测关键词、利用专业的舆情监测软件和平台，企业可以及时了解社会舆论的动态，发现潜在的危机和问题。这有助于企业提前制定应对策略，避免负面舆论的扩散。

在危机发生时，企业应迅速发布公开声明，正面回应媒体报道，向公众说明真实情况，并展示企业的立场和解决方案。同时，建立有效的内外沟通机制，及时跟踪媒体报道状况，并做出回应，以缓解媒体对企业的冲击。

此外，企业还应运用新媒体平台，如微博、微信等，与公众进行互动和传播信息，提升企业的知名度和影响力。定期评估媒体关系管理的效果，优化管理流程，也是确保危机沟通效果的重要环节。

综上所述，媒体关系与舆情监控在危机管理中发挥着重要作用。通过建立完善的媒体数据库、实施有效的舆情监控，企业可以更好地应对危机，保护声誉，并推动组织的持续健康发展。

第三节　协商与妥协的基本原则

【名人名言】

谈判的定义最为简单，而涉及的范围却最为广泛，每一个要求满足的愿望和每一项寻求满足的需要，至少都是诱发人们展开谈判过程的潜因。

——尼尔伦伯格

一、协商前的准备工作

在进行任何协商之前，充分的准备工作是确保协商顺利进行并取得积极成果的关键。以下是在协商前必须完成的几项重要准备工作。

首先，明确协商目标与底线。在协商开始之前，必须清晰地界定自己的核心利益和目标，同时设定不可逾越的底线。这有助于在协商过程中保持方向感和原则性，防止因一时冲动而做出不利于自己的决策。

其次，深入了解对方立场与需求。通过收集和分析信息，尽可能多地了解对方的背景、需求、利益点和可能的谈判策略。这有助于预测对方的反应，从而制定更为有效的协商策略。

再次，制定多种协商方案。根据可能的情况和对方的反应，准备多个备选方案。这不仅可以增加协商的灵活性，还能在对方提出意外要求时迅速作出应对。

最后，组建专业协商团队。如果协商涉及复杂问题或重要利益，组建一个由不同专业领域人员组成的协商团队至关重要。团队成员可以各司其职，共同为达成最佳协商结果贡献力量。

总之，协商前的准备工作是协商成功的重要基石。通过明确目标、了解对方、制定方案和组建团队，可以大大提升协商的效率和成功率。在接下来的协商过程中，这些准备工作将为我们提供有力的支持和指导。

二、妥协的艺术与策略

在协商过程中，妥协不仅是一种策略，更是一种艺术，它要求谈判者具备高度的智慧与灵活性。妥协的艺术在于平衡各方利益，寻求共赢的局面，而非简单的让步或屈服。

首先，明确底线是关键。在谈判前，谈判者应清晰界定自己的核心利益与可接受的最低限度。这有助于在协商过程中坚守立场，同时也为妥协提供了明确的参照点。当对方提出要求时，可根据底线判断是否可接受，从而灵活调整策略。

其次，倾听与理解是妥协的前提。有效的倾听能够捕捉到对方的真实需求与关切，为寻找共同点与解决方案奠定基础。通过深入理解对方的立场，谈判者可以更加精准地提出妥协方案，既满足对方需求，又保护自身利益。

再次，创造性思维是妥协艺术的精髓。面对僵局，谈判者应跳出传统框架，尝试从不同角度审视问题，寻找创新性的解决方案。这不仅能够打破僵局，还能为双方带来意想不到的收益。

最后，适时表达诚意与灵活调整是妥协成功的关键。在协商过程中，展现出诚意与合作的意愿能够增强对方的信任感，为妥协创造有利条件。同时，根据谈判进展灵活调整策略，确保妥协方案既符合双方利益，又具备可操作性。

总之，妥协的艺术在于智慧与灵活性的结合，它要求谈判者在坚守底线的同时，善于倾听、理解对方，运用创造性思维寻找共赢方案，并适时表达诚意与灵活调整策略。

三、利益冲突与解决方案

在协商过程中，利益冲突是常见且难以避免的现象。这些冲突往往源于各方对资源、权益或目标的不同诉求。面对利益冲突，寻找合理且各方都能接受的解决方案至关重要。

首先，明确并尊重各方利益是解决问题的前提。协商各方应坦诚地表达自身的需求和关切，同时倾听并理解对方的立场。通过开放、平等的对话，增进彼此之间的理解和信任，为达成共识奠定基础。

其次，寻求共赢的解决方案是化解利益冲突的关键。协商者需要跳出"零和博弈"

的思维局限，探索能够满足各方基本需求且能增进整体利益的方案。这可能需要创新思维，通过资源的重新配置、时间的灵活安排或创新合作模式等方式，实现利益的最大化。

最后，引入第三方调解或仲裁机构也是解决利益冲突的有效途径。当协商双方陷入僵局时，第三方可以提供客观、中立的意见，帮助双方找到突破口。第三方调解或仲裁机构通常具有丰富的经验和专业知识，能够协助各方在维护自身利益的同时，达成合理的妥协。

以上利益冲突的解决模型如图 9-2 所示。

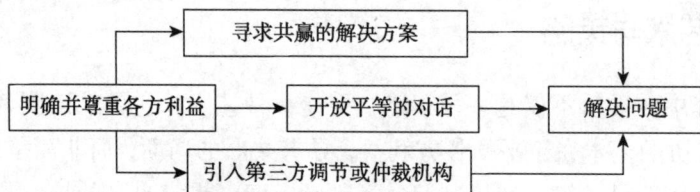

图 9-2　利益冲突的解决模型

总之，面对利益冲突，协商者应以开放、包容的心态，积极寻求共赢的解决方案。通过明确并尊重各方利益、寻求共赢的解决方案以及引入第三方调解或仲裁机构等方式，可以有效化解冲突，促进协商的成功进行。最终，实现各方利益的平衡与和谐，推动合作关系的持续稳定发展。

四、长期合作关系的建立与维护

在协商与妥协的过程中，建立与维护长期合作关系是至关重要的。这不仅有助于双方在当前问题上的顺利解决，更为未来的合作奠定了坚实的基础。

长期合作关系的建立，首先基于双方的信任与尊重。在协商过程中，双方应坦诚相待，充分表达各自的观点与需求，同时尊重对方的立场与利益。通过有效的沟通与理解，逐步建立起相互信任的基础，这是长期合作的前提。

为了维护这种长期合作关系，双方需要共同努力。一方面，要确保协商结果的公平与合理，让双方都能从合作中受益，这不仅能增强合作的满意度，还能激发双方持续合作的积极性；另一方面，要建立良好的沟通机制，定期回顾合作进展，及时解决合作中出现的问题与矛盾。通过持续的沟通与协调，确保合作关系的稳定与持久。

此外，双方还应注重在合作中培养共同的价值观念与目标。当双方都能认同并追求共同的目标时，合作将更加紧密与高效。同时，这也有助于提升双方在面对外部挑战时的团结与协作能力。

综上所述，长期合作关系的建立与维护是协商与妥协过程中的重要环节。通过信任、尊重、公平、沟通与共同目标的培养，双方能够建立起稳定、持久且高效的合作关系，为未来的共同发展奠定坚实的基础。这不仅有助于解决当前的问题，更能为未来的合作创造更多的机遇与价值。

第四节　实战案例分析

> **【名人名言】**
>
> 战略不是一个规划，而是一个过程，是不断适应环境变化的过程。
>
> ——明茨伯格

一、危机沟通成功案例解析

可口可乐中毒事件

1999年6月，比利时和法国的一些中小学生在饮用可口可乐后中毒，引发了一场严重的食品安全危机。比利时政府迅速颁布禁令，禁止销售可口可乐。面对这一危机，可口可乐公司采取了积极的沟通策略。

公司首席执行官依维斯特迅速飞往比利时，举办记者招待会，并坦诚面对问题，表示尽管发生了事故，但可口可乐仍然是世界一流的公司。他承诺将全面调查事故原因，并向消费者道歉。同时，可口可乐公司设立了专线电话和专门网页，回答消费者的问题，提供退赔方案，并明确表示将为中毒的顾客支付医疗费用。

此外，可口可乐公司还宣布将比利时国内同期上市的可口可乐全部收回，并尽快公布化验结果，说明事故的影响范围，并向消费者退赔。可口可乐公司还表示要为所有中毒的顾客报销医疗费用。这一系列透明和及时的沟通措施，有效减轻了公众的担忧，并逐渐恢复了消费者的信任。

在危机公关的后期，可口可乐公司还通过赠送可乐和公开道歉信等方式，进一步修复品牌形象。最终，比利时和法国的卫生部门在对可口可乐进行检查后，确认其产品符合卫生标准，并取消了禁销令。可口可乐成功度过了这场危机，并在市场上重新赢得了消费者的信任。

这一案例表明，危机沟通策略中的透明度和及时性至关重要。企业应以开放和诚实的态度与利益相关者沟通，提供准确信息，承认影响并展示解决问题的承诺。通过积极沟通和采取有效措施，企业可以化危机为机遇，重塑品牌形象，赢得消费者的信任。

二、协商与妥协成功案例解析

在商业危机管理中，协商与妥协的艺术往往能够化解冲突，实现双赢。以下是一个成功案例解析。

某石材公司与某建筑公司因货款问题产生纠纷。起初，石材公司向建筑公司供货总金额为 1 230 532.84 元，建筑公司已支付 40 万元，剩余 830 532.84 元未支付。在协商过程中，石材公司为尽快解决纠纷，主动将货款总额减至 100 万元，并希望通过协商获得建筑公司的部分预付款。然而，双方未能在协商一致的结算单上盖章确认，导致石材公司最终提起诉讼。

在诉讼过程中，法院认为，石材公司在协商中的让步不应视为自认的不利事实。尽管石材公司曾提出减少货款的方案，但在建筑公司未予确认且未支付预付款的情况下，该方案并未生效。因此，法院根据原始合同判决建筑公司支付未付货款 830 532.84 元及利息。

在二审期间，双方通过法院的调解，达成了调解协议。建筑公司一次性支付货款 65 万元，成功解决了纠纷。这一案例充分展示了协商与妥协在危机管理中的重要作用。

在此案例中，石材公司起初通过协商与妥协，试图减少货款总额以尽快解决纠纷。尽管这一方案在诉讼中未被采纳，但双方在二审期间的调解中，仍然通过协商找到了一个双方都能接受的解决方案。这表明，在危机管理中，协商与妥协不仅能够缓和紧张关系，还能为双方创造互利共赢的局面。

通过这一成功案例，我们可以看到协商与妥协在解决商业纠纷中的重要作用，以及如何在危机管理中灵活运用这些策略，以实现最佳结果。

三、失败案例分析与教训

在危机管理与谈判的实战中，失败案例为企业提供了宝贵的教训。

某公司因产品质量问题引发了一场严重的公关危机。在危机初期，公司高层选择了沉默和拖延，试图通过时间淡化事件的影响。然而，这种消极的沟通策略反而加剧了公众的愤怒和不满，导致舆论持续发酵。

在后续的协商过程中，公司未能及时与受害者及公众进行有效沟通，缺乏真诚的道歉和明确的解决方案。同时，在内部协商中，公司各部门之间也存在严重的意见分歧，导致决策迟缓，错过了解决问题的最佳时机。

这一失败案例的教训是深刻的。首先，危机沟通策略必须积极主动，及时回应公众关切，避免沉默和拖延带来的负面影响；其次，协商过程中需要保持内部一致，形成统一的对外口径，以增强谈判的权威性和可信度；最后，还需要注重与受害者及公众的真诚沟通，通过积极的姿态和务实的行动来重建信任。

总之，危机管理与谈判的成功离不开有效的沟通策略和协商妥协的艺术。通过深入分析失败案例，企业可以汲取教训，不断完善自身的危机应对能力，以更加成熟和稳健的姿态面对未来的挑战。在未来的实践中，企业应以此为鉴，不断提升自身的危机管理和谈判能力，为其可持续发展保驾护航。

四、案例对比与策略调整

在前面的章节中，我们详细剖析了两个危机管理与谈判的实战案例（可乐与石材案例）。通过对比这两个案例，我们可以发现一些共性与差异，并据此提出策略调整的建议。

案例一聚焦于企业面对公关危机时的沟通策略，强调了透明度和及时响应的重要性。而案例二则侧重于商业谈判中的协商与妥协艺术，揭示了双方如何在利益冲突中寻求共赢。两个案例都展现了危机管理与谈判中的关键要素，但侧重点和应对策略有所不同。

在对比中可以发现危机沟通的核心在于信息的准确性和传递的及时性。无论是面对公众还是商业伙伴，保持开放和诚实的态度都是建立信任的基础。同时，在协商与妥协的过程中，灵活性和创新思维同样重要，它们能够帮助双方在看似对立的立场中找到共同利益。

基于这些发现，策略调整的方向应更加注重预案的制定和演练。企业应在平时就建立起完善的危机管理机制，包括明确的沟通流程和谈判策略。此外，培养一支具备高度应变能力和专业素养的危机管理团队也是至关重要的。

在未来的危机管理与谈判实践中，企业可以借鉴这两个案例的成功经验，同时根据具体情况灵活调整策略。通过不断学习和实践，企业可以不断提升自身在危机管理和谈判协商方面的能力，为其和社会创造更大的价值。

综上所述，案例对比不仅有助于人们深入理解危机管理与谈判的精髓，更提供了宝贵的策略调整方向。

简述题

1. 简述危机沟通的定义与重要性。
2. 说明危机沟通计划制订的主要步骤。
3. 阐述识别并应对危机信号的要点。
4. 概括协商前的准备工作包含哪些方面。
5. 简述可口可乐中毒事件中公司采取的危机沟通措施及效果。

即测即练　　　　　本章案例分析

自学自测　　扫描此码　　

第四部分

当代议题

第十章

跨文化沟通

学习目标

1. 加深对不同文化的认知，尊重文化差异；
2. 掌握有效的跨文化沟通技巧，促进国际交流；
3. 灵活应对全球化带来的挑战，抓住机遇；
4. 践行沟通伦理，维护文化平等与尊严；
5. 拥抱科技进步，预见跨文化沟通的发展趋势。

第一节　跨文化沟通概述

【名人名言】

文化是沟通的基础，沟通是文化的外在表现形式。

——爱德华·霍尔

一、跨文化沟通的定义与重要性

跨文化沟通，是指在具有不同文化背景的人们之间进行的信息交流与互动。这种沟通不仅涉及语言本身，更涵盖价值观念、思维方式、行为习惯、社会规范等多个层面的文化元素。在全球化日益加深的今天，跨文化沟通已成为人们日常生活和工作中不可或缺的一部分。

首先，跨文化沟通有助于打破文化壁垒，促进不同文化背景下的个体或群体之间的相互理解和尊重；其次，跨文化沟通是国际合作与交流的基础，对于推动全球经济发展、文化交融具有关键作用；最后，对于个人而言，掌握跨文化沟通技巧能够拓宽视野，增强适应能力，提升在国际舞台上的竞争力。因此，深入了解并有效实践跨文化沟通，对于适应全球化时代的挑战至关重要。

二、跨文化沟通的历史发展

跨文化沟通的历史可追溯至 20 世纪。20 世纪 60 年代，美国国内多元文化运动推动了跨文化交流研究的发展。到了 20 世纪 70 年代，跨文化沟通逐渐成为传播学中一门独立的学科，并出现了许多专门的研究机构和学术刊物。这一时期，美国"言语沟通协会"成立了"国际沟通和跨文化沟通问题委员会"，并出版了《国际与跨文化沟通年刊》等重要著作。

20 世纪 80 年代以来，跨文化沟通领域的研究有了进一步的发展，其理论开始应用于国际商业和国际经济管理等领域。随着全球化的不断深入，跨文化沟通的重要性日益凸显，各国学者纷纷介入相关研究，以解决日益增多的民族矛盾和文化冲突。

与此同时，跨文化沟通训练机构也应运而生，许多跨国公司如 IBM、摩托罗拉等纷纷设立专门的跨文化沟通训练机构。中国对跨文化沟通的研究始于 20 世纪 80 年代，随着改革开放的深入，跨文化沟通在中国的应用也日益广泛，相关研究逐渐增多，为跨文化沟通在国际贸易中的应用提供了更多理论支持和实践经验。

三、跨文化沟通的主要挑战

在跨文化沟通中，主要面临几大挑战。

首先是语言障碍。不同的语言体系可能导致信息传递失真，甚至引发误解。即便是使用同一种语言，不同文化背景下的表达习惯和词汇内涵也可能造成沟通隔阂。

其次是价值观差异。不同文化对于时间、权力距离、个人主义与集体主义等的看法截然不同，这些差异可能导致双方在决策、行为方式等方面产生冲突。

再次，非语言行为的误解也是一大挑战。肢体语言、面部表情、眼神交流等在不同文化中承载着不同的意义，错误的解读可能引发不必要的误会。

最后，文化刻板印象和文化偏见也会阻碍有效的跨文化沟通。这些先入为主的观念会限制人们的思维，使双方难以以开放和包容的心态去理解对方的文化和行为。因此，克服这些挑战，需要双方具备高度的文化敏感性和适应能力。

四、跨文化沟通的应用场景

跨文化沟通在多个领域中发挥着至关重要的作用。在国际贸易中，企业需要与来自不同文化背景的合作伙伴和客户进行有效沟通，以确保交易顺利进行。同时，跨文化沟通也是国际商务谈判成功的关键，它要求谈判者深入了解对方的文化习惯与思维方式，以达成双方满意的协议。

在教育领域，跨文化沟通促进了国际学生间的相互理解和尊重，有助于培养学生的全球视野和跨文化交际能力。此外，随着旅游业的发展，跨文化沟通成为旅游从业人员必备的技能，他们需要能够向来自世界各地的游客提供贴心的服务。

在全球化语境下，跨文化沟通还广泛应用于国际组织、外交关系及文化交流活动中，为构建和谐的国际环境贡献力量。总之，跨文化沟通的应用场景广泛，是现代社会不可或缺的一部分。

第二节　文化差异与沟通障碍

【名人名言】

文化是心灵的程序，它影响着人们的思维、情感和行为方式。

——霍夫斯泰德

一、文化差异的表现形式

文化差异在跨文化沟通中表现得尤为显著，其形式多种多样。

首先体现在语言习惯上，不同文化背景下的语言表达方式、词汇选择乃至语气语调都存在显著差异，这往往成为沟通的第一道障碍。

其次，非语言行为也是文化差异的重要体现，如肢体语言、面部表情、眼神交流等，在不同文化中可能有截然不同的含义。

再次，价值观念与思维方式的不同也是文化差异的重要方面，它影响着人们对同一事物的看法和判断，从而导致沟通中的误解与冲突。

最后，社会习俗与礼仪的差异也不容忽视，它们反映了一个文化的深层次特征，对沟通方式有着深远的影响。

这些文化差异的表现形式，构成了跨文化沟通中复杂而多变的背景，要求沟通者具备高度的敏感性和适应性。

二、文化差异对沟通的影响

文化差异在跨文化沟通中扮演着至关重要的角色。它不仅影响信息的传递方式，还深刻塑造了沟通双方的解读角度。

文化背景的不同导致人们在语言习惯、非语言行为、价值观及思维方式上产生了显著差异。这些差异可能导致信息传递的失真，使原本清晰的信息在跨文化背景下变得模糊甚至产生误解。例如，某些词语或手势在一种文化中可能寓意积极，而在另一种文化中则可能被视为冒犯。

此外，文化差异还可能导致沟通双方难以建立共鸣，增加了沟通的难度。在全球化日益加深的今天，理解并尊重这些文化差异，成为提高跨文化沟通能力、促进国际交流与合作的关键。因此，在跨文化沟通中，人们需要具备高度的文化敏感性和适应性，以跨越文化障碍，实现有效的信息交流与共享。

三、沟通障碍的形成与克服

沟通障碍在跨文化交流中尤为显著，其形成原因多样。语言差异、文化背景的不同以及个人认知局限都是主要障碍。语言障碍可能导致信息传递失真；文化背景的不同易引发误解与冲突；而个人认知局限则可能限制对信息的全面理解和接纳。

为克服这些沟通障碍，一要增强语言沟通能力，提高语言表达的准确性和清晰度；二要深入了解对方的文化背景，尊重并接纳文化多样性，这有助于减少误解和冲突；三要培养开放包容的心态，拓宽个人认知视野，这也是克服沟通障碍的关键。

在跨文化沟通中，双方应共同努力，通过不断学习、适应与沟通，逐步消除障碍，建立有效的沟通桥梁。这不仅有助于个人间的和谐相处，更能促进不同文化间的交流与融合，推动全球化语境下的共同发展。

四、文化敏感性在沟通中的作用

在跨文化沟通中，文化敏感性如同一座桥梁，连接着不同文化背景的人们。它使沟通者能够敏锐地察觉并尊重彼此的文化差异，从而有效避免误解和冲突。

具备文化敏感性的个体，在沟通时能展现出对对方文化的理解和尊重，这种态度有助于建立信任和亲近感，为深入交流奠定基础。同时，文化敏感性还能促使沟通者灵活调整自己的沟通方式，以适应不同文化背景下的交流习惯，确保信息的准确传递。

在全球化日益加深的今天，文化敏感性已成为衡量沟通者跨文化能力的重要指标。它不仅关乎个人在多元文化环境中的适应能力，更影响国际间合作与交流的成效。因此，提升文化敏感性，对于促进跨文化沟通的顺利进行具有重要意义。通过不断学习和实践，人们可以更好地理解和适应不同文化，实现更有效的跨文化沟通。

第三节　跨文化沟通技巧与策略

一、语言技巧与非语言技巧

在跨文化沟通中，语言技巧与非语言技巧同样重要。语言技巧主要体现在词汇的选择、语法的正确运用以及表达方式的恰当性上。掌握目标文化的常用词汇和表达方式，能有效减少误解，增进双方的理解。同时，要注意语速、音量和语调，以适应不同文化背景的沟通习惯。

非语言技巧则涵盖肢体语言、面部表情、眼神交流以及时间观念等。不同的文化对非语言信号的理解有所不同，例如，某些文化中点头表示同意，而在其他文化中可能表示疑问。因此，在跨文化沟通中，要敏锐地观察并适应对方的非语言习惯，避免无意中传递出错误的信息。

综合运用语言技巧与非语言技巧，可以显著提高跨文化沟通的效果，促进不同文化背景人士之间的和谐交流与合作。

二、倾听与反馈在跨文化沟通中的重要性

在跨文化沟通中，倾听与反馈扮演着至关重要的角色。倾听不仅是接收信息的过程，更是理解和尊重对方文化的体现。有效的倾听能够帮助沟通者捕捉到对方言语中的文化细微差别，避免因误解而产生冲突。

同时，反馈是确保沟通效果的关键。在跨文化环境中，积极的反馈能够增强双方的信任感，促进沟通的顺利进行。而恰当的负面反馈则有助于及时纠正误解，避免问题进一步恶化。

跨文化沟通者应当注重提升自己的倾听能力和反馈技巧。通过耐心、专注的倾听，以及真诚、准确的反馈，可以建立起良好的沟通氛围，为跨文化交流的成功奠定坚实基础。因此，无论是面对文化差异的挑战，还是在全球化语境下寻求共识，倾听与反馈都是不可或缺的重要工具。

三、跨文化沟通中的冲突解决策略

在跨文化沟通中，冲突难以避免，但有效的解决策略能使其化险为夷。

首先，保持冷静与尊重是基石。任何情绪化的反应都可能加剧矛盾，双方应认识到文化差异的存在，以开放心态倾听对方观点。

其次，明确问题根源至关重要。是语言障碍、价值观冲突，还是信息误解？精准定位后，方能对症下药。采用中立第三方调解，或借助跨文化沟通专家，往往能获得更客观的视角和建议。

最后，积极寻求共同点，建立共同目标，有助于拉近双方距离，通过协商找到双方都能接受的解决方案，实现双赢。同时，加强文化培训，提升团队成员的跨文化敏感度，从源头上减少冲突的发生。

总之，跨文化沟通中的冲突解决需要智慧与耐心并重，以尊重和理解为基础，灵活运用多种策略，方能构建和谐沟通环境，推动合作顺利进行。

四、建立有效的跨文化沟通桥梁

在跨文化沟通中，建立有效的桥梁至关重要。这要求沟通双方不仅要具备语言上的交流能力，更要深入理解对方的文化背景和价值观。

为达成这一目标，可积极采取一系列措施。第一，增强文化敏感性，尊重并接纳不同文化的独特性，避免以己度人。第二，通过学习和研究，深入了解目标文化的礼仪、

习俗及非言语行为含义，以减少误解和冲突。同时，运用有效的沟通技巧，如清晰表达、积极倾听和适时反馈，能够进一步巩固沟通桥梁。在沟通中，保持开放和包容的心态，勇于承认和纠正自身的文化偏见，也是建立跨文化沟通桥梁不可或缺的一环。

总之，建立有效的跨文化沟通桥梁是一个持续的过程，需要沟通双方不断努力、学习和适应，以在全球化语境下实现更加顺畅和高效的交流。

第四节　全球化语境下的跨文化沟通

一、全球化对跨文化沟通的影响

全球化浪潮席卷之下，跨文化沟通面临前所未有的机遇与挑战。

一方面，全球化促进了不同文化间的交流与融合，使跨文化沟通更加频繁和深入。人们通过旅游、商务、教育等多种途径，不断拓宽视野，增进对不同文化的理解和尊重。这为跨文化沟通提供了更为广阔的空间和更为丰富的资源。

另一方面，全球化也加剧了文化间的差异和冲突。不同文化背景的人们在价值观、思维方式、行为习惯等方面存在差异，这些差异在跨文化沟通中往往成为障碍。如何在尊重文化差异的基础上，实现有效沟通和合作，成为全球化语境下跨文化沟通的重要课题。

因此，全球化对跨文化沟通既产生了积极影响，也带来了不少难题。我们需要积极应对全球化带来的挑战，不断提升跨文化沟通能力，以更好地适应全球化语境下的沟通与交流。

二、跨文化团队沟通与协作

在全球化语境下，跨文化团队沟通与协作成为企业成功的关键。团队成员来自不同文化背景，拥有多元的思维方式和行为习惯，这为团队带来了丰富的创意和活力。

然而，文化差异也可能导致沟通障碍和误解。为了确保团队的高效运作，成员需要学会尊重并理解彼此的文化背景，积极适应不同的沟通风格。通过有效的跨文化培训，团队成员能够增强文化敏感性，提升在多元文化环境中沟通与合作的能力。

在跨文化团队中，建立清晰的沟通渠道和协作机制至关重要。利用现代科技手段，如视频会议、即时通信工具等，可以跨越地理和文化界限，实现无缝沟通与协作。同时，定期的团队建设和文化活动也有助于增进成员间的了解和信任，为团队的长期发展奠定坚实基础。

三、国际商务沟通中的文化因素

在国际商务沟通中，文化因素起着举足轻重的作用。不同国家和地区的文化背景、价值观念、商业习惯等差异，往往影响商务活动的顺利进行。

语言作为文化的载体，其差异可能导致信息传递的误解和障碍。因此，掌握并尊重对方的语言习惯，是确保沟通效果的基础。此外，商务礼仪的差异性也不容忽视，它关乎双方的合作意愿和信任程度。

在全球化语境下，国际商务沟通还应关注跨文化适应能力。企业应培养员工的跨文化沟通能力，使其能够在不同文化环境中灵活应对，有效促进商务合作。同时，深入了解目标市场的文化背景，有助于制定更加精准的市场策略，提升国际竞争力。

综上所述，国际商务沟通中的文化因素复杂多变，应以开放包容的心态，积极适应并尊重文化差异，以推动商务合作的顺利进行。

四、全球化语境下的沟通伦理与责任

在全球化语境下，跨文化沟通不仅关乎信息传递，更涉及伦理与责任。沟通者应秉持尊重与包容的伦理原则，尊重不同文化的独特性与多样性，避免文化偏见与歧视。同时，应主动了解并适应不同文化背景下的沟通习惯与规范，确保信息传递的准确性与有效性。

在沟通中，承担责任同样重要。沟通者应对自己的言行负责，确保信息传递的真实性与可信度，避免误导或造成文化冲突。面对文化差异带来的误解与冲突，应积极寻求解决方案，以建设性的态度促进文化间的理解与合作。

全球化语境下的沟通伦理与责任，是跨文化沟通成功的关键。只有秉持尊重、包容与责任的态度，才能在多元文化环境中实现有效沟通，促进全球文化的交流与融合。

第五节　跨文化沟通能力培养与实践

一、跨文化沟通能力的重要性

在全球化日益加深的今天，跨文化沟通能力已成为个人与组织不可或缺的核心竞争力。它不仅关乎语言层面的交流，更涉及对不同文化背景、价值观和行为习惯的理解与尊重。具备跨文化沟通能力的人，能够跨越文化障碍，促进国际间的合作与交流，实现信息的有效传递与共享。

在多元文化环境中，良好的沟通是建立信任、化解误解、增进友谊的桥梁。跨文化沟通能力有助于人们适应不同文化背景下的工作环境，提升工作效率与团队凝聚力。同时，它也是推动文化创新、拓展国际视野的重要工具。

因此，培养和实践跨文化沟通能力对于个人职业发展、企业国际化进程乃至全球和谐共处都具有深远的意义。这不仅是一种技能的提升，更是一种思维方式的转变，可以让人们在全球化的大潮中更加自信、从容地应对各种挑战与机遇。

二、跨文化沟通能力的构成要素

跨文化沟通能力的构成，关键在于多元文化素养、语言技能、适应能力及情感态度等核心要素，如表 10-1 所示。首先，多元文化素养是理解并尊重不同文化背景的基石，它使沟通者能够洞察文化差异，避免误解；其次，语言是跨文化沟通的桥梁，流利且准确的语言表达与理解能力，能有效传递信息，促进深度交流；再次，适应能力使个体能在陌生文化环境中迅速调整，灵活应对各种挑战，保持沟通的顺畅；最后，情感态度是建立跨文化信任的关键，它要求沟通者设身处地理解对方的文化背景与情感需求，促进深层次的心灵沟通。这些构成要素相辅相成，共同构成了跨文化沟通能力的坚实基础，使个体能在全球化语境下，实现高效、和谐的跨文化交流。

表 10-1　跨文化沟通能力的构成要素

构　成	重　点	作　用
多元文化素养	对不同文化之间的差异和多样性有深刻的认识和理解	成沟通基础；防差异冲突；养开放心态；促文化适应
语言技能	熟练掌握目标语言的基础知识和运用	保证信息准确；减少沟通不畅和误解
沟通技巧	倾听技巧、清晰的表达技巧、适当的反馈技巧、灵活的调整策略及处理冲突的能力等	建立良好沟通氛围和关系；提高沟通效率和质量
情感态度	保持开放、尊重、宽容、好奇和同理心等积极的情感态度	营造和谐的沟通氛围；实现更深入和有效的跨文化沟通
适应能力	适应不同文化环境中的新情况、新问题和新挑战	减少文化适应期的不适和困扰；提高在跨文化情境中的工作效率

三、跨文化沟通能力的培养途径

跨文化沟通能力的培养，关键在于多元化学习与实践。首先，通过深入学习和了解不同文化的背景、价值观和行为习惯，可以建立起对不同文化的敏感性和尊重；其次，积极参与国际交流项目、多语言培训和文化体验活动，能够在实践中锻炼跨文化沟通技巧，增强适应不同文化环境的能力；再次，模拟跨文化沟通场景进行角色扮演，也是提升沟通技巧的有效途径，它能够帮助个体在模拟环境中学习如何灵活应对文化差异带来的挑战；最后，培养开放的心态和积极的沟通态度至关重要。愿意倾听、理解和接纳不同观点，能够促进更深层次的文化交流和融合。通过这些途径，个体可以逐步提升自己的跨文化沟通能力，为全球化时代的沟通与合作奠定坚实基础。

四、跨文化沟通实践案例分析

在某跨国企业合作项目中，中方团队与美方团队因工作习惯与沟通方式差异导致初期合作不畅。中方团队注重集体决策与礼貌寒暄，而美方团队则倾向于直接表达与快速决策。一次会议中，双方因对项目进度理解不一而产生误解。

为改善沟通，双方进行了跨文化培训，学习对方的文化特点与沟通习惯。随后，在一次视频会议上，美方代表采用更加委婉的表达方式，而中方团队也更加注重直接陈述观点。双方还建立了定期沟通机制，利用在线协作工具共享信息，减少文化障碍。

经过调整，项目合作逐渐顺畅，双方不仅完成了既定目标，还建立了深厚的友谊。此案例表明，跨文化沟通需要双方共同努力，通过学习与适应对方的文化特点，可以有效化解误解，促进合作。实践中的不断尝试与调整，是提升跨文化沟通能力的重要途径。

第六节 跨文化沟通的未来趋势

一、科技进步对跨文化沟通的影响

在跨文化沟通的未来趋势中，科技进步无疑扮演着至关重要的角色。随着社交媒体、视频分享平台的兴起，人们能够更便捷地跨越地域和语言的界限，分享自身经验，深入了解不同文化背景下的生活。实时翻译和 VR/AR 技术的应用，更是极大地促进了跨文化交流的深度和广度，使人们能够近乎真实地体验其他文化的风貌。

然而，科技进步也带来了挑战。过度依赖技术可能导致面对面交流能力的退化，影响跨文化沟通的深度和质量。此外，隐私和安全问题也日益凸显，需要在跨文化交流中加以重视。

总体而言，科技进步为跨文化沟通提供了前所未有的机遇，拓宽了人们的视野，增进了文化的多样性和包容性。未来，随着技术的不断发展和完善，跨文化沟通将更加便捷、高效，成为连接不同文化、增进相互理解和尊重的重要桥梁。

二、全球化背景下的文化融合趋势

在全球化浪潮的推动下，文化融合已成为不可逆转的趋势。不同文化间的交流与碰撞，促使各种文化元素相互渗透、相互借鉴，形成了独特的文化交融现象。

随着信息技术的飞速发展，人们能够更便捷地接触到世界各地的文化信息，这进一步加速了文化融合的进程。各国人民在保持自身文化特色的同时，也开始欣赏和接纳其他文化的优秀元素，形成了多元共生的文化格局。

在全球化的背景下，文化融合不仅体现在艺术、文学等领域，更深入人们的日常生活之中。饮食、服饰、语言等方面的相互影响，使文化界限变得日益模糊，共同构建了一个丰富多彩、相互包容的全球文化景观。

未来，随着全球化的不断深入，文化融合的趋势将会更加明显，不同文化间的交流与融合将会为人类社会的发展注入新的活力与动力。

三、未来跨文化沟通的挑战与机遇

在全球化日益加深的未来，跨文化沟通既面临挑战也蕴含机遇。挑战方面，不同文化间的深层次差异、语言障碍以及技术发展的不均衡性，可能导致信息传递失真和误解频发。同时，全球化带来的文化同质化趋势也可能削弱文化的多样性，使跨文化沟通陷入单一视角的困境。

然而，机遇同样显著。随着信息技术的飞速发展，跨文化沟通变得更加便捷和高效。人们可以通过网络平台跨越地理界限，实现即时互动和资源共享。此外，全球化也促进了文化间的交流与融合，为跨文化沟通提供了更广阔的空间和更丰富的素材。

未来跨文化沟通的成功，将取决于人们能否在尊重文化多样性的基础上，充分利用现代科技手段，打破沟通壁垒，促进文化间的深度理解和合作。面对挑战与机遇并存的未来，我们应积极应对，不断提升跨文化沟通的能力，以推动全球社会的和谐与进步。

四、跨文化沟通发展的前景展望

随着全球化的不断深入，跨文化沟通的前景展现出无限活力与潜力。未来，跨文化沟通将更加普及和深入，成为连接不同国家和地区的重要桥梁。技术的飞速发展，如人工智能、虚拟现实等，将为跨文化沟通提供更为便捷和高效的手段，打破地域限制，使全球交流与合作更加紧密。

同时，人们对文化多样性的认识和尊重将不断提升，跨文化沟通中的误解和冲突将逐渐减少。企业将更加注重培养具有跨文化沟通能力的人才，以应对全球化市场带来的挑战。教育机构也将加强跨文化教育，培养学生的全球视野和跨文化交际能力。

总之，跨文化沟通将在未来社会中扮演更加重要的角色，促进全球文化的交流与融合，推动人类社会的共同发展与进步。我们有理由相信，在不久的将来，跨文化沟通将成为人类生活中不可或缺的一部分，为构建一个更加和谐、包容的世界贡献力量。

简述题

1. 简述跨文化沟通的定义与重要性。
2. 列举跨文化沟通的主要挑战并简要说明。
3. 说明文化差异在跨文化沟通中的表现形式。
4. 阐述跨文化沟通技巧与策略中的语言技巧和非语言技巧。
5. 分析全球化对跨文化沟通的影响。

即测即练　　　　　本章案例分析

自学自测　　扫描此码　　　

第十一章

数 字 沟 通

学习目标

1. 掌握社交媒体应用和网络礼仪，成为负责任的数字公民；
2. 熟练使用远程工作工具，提升团队效能；
3. 拓宽全球视野，增进跨国界沟通；
4. 消除数字隔阂，实现无障碍沟通；
5. 持续提升，适应日新月异的数字环境。

第一节　数字沟通概述

【名人名言】

　　未来的冲击是一种时间现象，是社会加速变化的产物，而信息传播的速度与质量在其中起着核心作用。

——阿尔文·托夫勒

一、数字沟通的定义与特点

　　数字沟通，是指在信息技术高度发达的今天，人们利用互联网、社交媒体、即时通信工具等数字化手段，进行信息交换、意见交流和情感互动的过程。这种沟通方式超越了传统面对面交流的局限，使信息的传递更加迅速、广泛和便捷。

　　数字沟通的特点主要体现在以下几个方面。

　　首先，即时性与跨越性。数字沟通打破了时间和空间的限制，信息可以在瞬间传递到全球各地，实现了真正的"天涯若比邻"。人们可以随时随地发起或回应沟通，极大地提高了沟通效率。

其次，多媒体性。数字平台支持文字、图片、音频、视频等多种形式的沟通内容，使沟通更加丰富多彩，能够更直观地传达信息和情感。

再次，匿名性与开放性。在数字时代，人们可以选择以匿名或化名的方式进行沟通，这在一定程度上保护了个人隐私，同时也使沟通环境更加开放和多元。然而，这也带来了信息真伪难辨、网络暴力等负面问题。

最后，互动性与参与性。数字沟通往往伴随着高度的互动性和参与性，用户可以通过点赞、评论、转发等方式参与沟通，形成信息的双向或多向流动，增强了沟通的深度和广度。

综上所述，数字沟通以其即时性、跨越性、多媒体性、匿名性、开放性，以及互动性、参与性等特点，正在深刻改变着人们的沟通方式和社交习惯。

二、数字沟通与传统沟通的对比

在数字时代，数字沟通以其独特的优势逐渐渗透并改变着人们的生活与工作方式，与传统沟通方式形成了鲜明的对比，具体如表 11-1 所示。

表 11-1　两种沟通形式的优缺点对比

沟通形式	优　点	缺　点
传统沟通	情感传递丰富；信息真实可靠；适合深度交流	受时空限制；效率相对较低
数字沟通	便捷高效；形式多样；扩大社交圈	缺乏非言语信息；存在不良言论行为；情感传递较难

传统沟通方式，如面对面交流、书信往来或电话通话，往往更加注重情感传递。面对面交流能够直接捕捉对方的表情、语气等非言语信息，从而更准确地理解对方的意图和情感。书信和电话虽然存在时空限制，但也能在一定程度上传达细腻的情感和深思熟虑的想法。

相比之下，数字沟通则以其便捷性、高效性和跨越时空限制的特点著称。通过电子邮件、社交媒体、即时通信工具等，人们可以随时随地与他人保持联系，分享信息、观点和感受。然而，数字沟通也带来了一些挑战。由于缺乏非语言信息的辅助，信息的误解和歧义时有发生。此外，数字沟通的匿名性和虚拟性也可能导致不负责任的言论和行为。

在沟通效果上，传统沟通方式往往更加注重深度和质量，而数字沟通则更加注重广度和速度；传统沟通更适合用于建立和维护深厚的人际关系，而数字沟通则更适合用于快速传递信息和扩大社交圈子。

综上所述，数字沟通与传统沟通各有千秋。在数字时代，我们应该充分利用数字沟通的优势，同时也不忘传统沟通的价值，以实现更加全面、高效的沟通。

三、数字沟通的重要性

在数字时代，沟通的重要性愈发凸显。随着信息技术的飞速发展，人们的生活、工作和学习早已离不开数字沟通工具。无论是社交媒体、即时通信软件，还是视频会议平台，数字沟通已成为连接人与人、促进信息交流的桥梁。

数字沟通的重要性首先体现在信息的高效传递上。通过互联网，信息可以迅速跨越地域限制，实现全球范围内的即时共享。这不仅加快了工作节奏，还促进了知识的广泛传播和创新思维的碰撞。在紧急情况下，数字沟通更是能够迅速传递关键信息，为应对危机赢得宝贵时间。

此外，数字沟通有助于构建更加紧密的人际关系网络。社交媒体等平台使人们能够跨越时空限制，与远方的亲朋好友保持联系，分享彼此的生活点滴。这种沟通方式不仅丰富了人们的情感生活，还扩大了人们的社交圈子，为个人的成长和发展提供了更多机会。

在商业领域，数字沟通更是成为企业与客户、合作伙伴之间的重要纽带。通过电子邮件、社交媒体营销、在线客户服务等方式，企业能够更便捷地了解客户需求，提供个性化的服务，从而增强客户满意度和忠诚度。同时，数字沟通也为企业拓展市场、提升品牌形象提供了有力支持。

综上所述，数字沟通的重要性不容忽视。它不仅关乎个人情感的维系和知识的获取，更与企业的生存与发展息息相关。因此，人们应该积极适应数字沟通的新模式，不断提升自己的沟通技巧和素养，以更好地应对数字时代的挑战与机遇。

四、数字沟通的发展趋势

在数字时代，沟通方式正以前所未有的速度发展变化，并呈现出以下几个显著趋势。

（一）实时性与高效性

随着移动互联网技术的不断进步，数字沟通已经实现了全球范围内的实时信息传递。人们通过手机、电脑等设备，可以随时随地接收和发送信息，极大地提高了沟通效率。社交媒体和即时通信工具的广泛应用，更使信息的传播速度达到了前所未有的高度。

（二）多元化与个性化

数字沟通的内容形式日益多元化，从文字、图片到音频、视频，再到各种动态表情包和短视频，沟通方式变得丰富多彩。同时，人们可以根据自己的喜好和情感状态，创造出独特的沟通方式，展现个性风采。这种多元化的沟通方式不仅增强了沟通的趣味性，也促进了文化的交流与融合。

（三）智能化与自动化

随着人工智能技术的不断发展，数字沟通正在向智能化和自动化的方向发展。智能助手、语音识别、自动翻译等技术的应用，使沟通变得更加便捷和高效。未来，这些技术还将继续深化，为数字沟通带来更多可能性。

（四）融合与创新

数字沟通正在不断与其他领域进行融合，如虚拟现实、增强现实等技术的加入，使沟通体验更加丰富和沉浸。同时，数字沟通也在不断创新，新的沟通方式和平台不断涌现，为人们提供了更多的选择。

综上所述，数字沟通的发展趋势呈现出实时性、多元化、智能化和融合创新等特点。这些趋势不仅改变了人们的沟通方式，也推动了社会的进步和发展。

第二节　社交媒体与网络礼仪

【名人名言】

媒介的形式偏好某些特殊的内容，从而能最终控制文化。

——尼尔·波兹曼

一、社交媒体的基本使用规则

在数字时代，社交媒体已成为人们日常生活和工作中不可或缺的沟通工具。为确保社交媒体的有效和正面使用，以下是一些基本的使用规则。

（1）保护个人隐私。在社交媒体上发布个人信息和照片时，应谨慎行事，避免公开敏感信息，如家庭住址、电话号码、身份证号码等。合理设置隐私权限，确保信息仅与信任的人共享。

（2）尊重知识产权。不要未经允许分享或使用他人的作品、照片、视频等。遵守版权法律法规，尊重作者的劳动成果和知识产权。

（3）遵守平台规定。每个社交媒体平台都有其特定的规定和用户协议，用户在使用时应严格遵守。避免发布涉及暴力、色情、歧视等违法违规信息，共同维护健康、和谐的社交环境。

（4）友好交流。社交媒体是人们交流的重要平台，应保持平等、尊重的交流方式，避免恶意攻击、谩骂、诋毁他人。积极构建友好和谐的网络氛围，促进良好的人际关系。

（5）审慎对待信息。在社交媒体上流传着各种信息和新闻，应保持怀疑和审慎的态度，不盲目相信和传播未经核实的信息。通过多方渠道核实信息的真实性，避免被虚假信息误导。

（6）自律使用。合理控制上网时间，避免沉迷于社交媒体。在社交媒体和现实生活中取得平衡，合理分配精力和资源，确保个人生活和工作的健康发展。

遵循以上基本使用规则，可以确保社交媒体在数字时代发挥积极作用，促进人与人之间的有效沟通和理解。

二、网络礼仪的内涵与原则

在数字时代，网络礼仪已成为人际交往中不可或缺的一部分。它不仅是个人素质的体现，更是维护网络和谐环境的关键。网络礼仪的内涵丰富多样，涵盖言行举止、尊重他人、保护隐私等多个方面。

首先，尊重他人是网络礼仪的核心。在虚拟的网络空间中，每个人都应尊重他人的观点、信仰和隐私，避免发表攻击性、侮辱性或歧视性的言论。

其次，诚实守信是网络礼仪的重要原则。在网络交流中，应保持真实身份，不散布虚假信息，不恶意造谣传谣，以建立诚信的网络环境。

再次，适度表达是网络礼仪的关键。在表达自己的观点和看法时，应注意言辞的恰当性和礼貌性，避免过度解读或产生误解。同时，也要尊重他人的表达空间，不随意打断或贬低他人的言论。

最后，保护隐私是网络礼仪的基本要求。在网络空间中，个人隐私同样应得到尊重和保护。不应擅自泄露他人的个人信息，也不应在未经允许的情况下传播他人的私密内容。

总之，网络礼仪的内涵与原则体现了数字时代人际交往的文明与规范。遵守网络礼仪，不仅有助于建立良好的网络关系，还能促进网络环境的和谐与发展。因此，每个人都应自觉遵守网络礼仪，共同营造一个文明、友善、诚信的网络空间。

三、社交媒体中的隐私保护

在数字时代，社交媒体已成为人们日常生活的重要组成部分，但随之而来的隐私保护问题也不容忽视。以下是一些关于社交媒体隐私保护的建议。

首先，充分利用社交媒体平台的隐私设置。大多数社交媒体平台都提供了详细的隐私选项，用户可以控制谁可以看到他们的个人资料、帖子和照片。建议定期查看并调整这些设置，确保只有信任的人能够访问你的个人信息。

其次，谨慎分享个人信息。在社交媒体上，过度分享可能会导致隐私泄露。避免公开生日、家庭住址、电话号码等敏感信息，这些信息可能被不法分子用于诈骗或其他犯罪活动。同时，对于第三方应用的访问权限也要进行审慎管理，定期审查并撤销不再使用或不信任的应用。

再次，使用强密码和双重认证也是保护隐私的有效手段。为社交媒体账户设置复杂的密码，并定期更换，避免使用容易猜到的密码。同时，启用双重认证后，即使密码泄露，黑客也无法轻易登录你的账户。

最后，保持对个人信息安全的警觉。了解社交媒体平台的隐私政策和最新的网络安全威胁，以便及时采取措施保护自己。同时，定期清理浏览器数据，防止跟踪和数据挖掘。在公共 Wi-Fi 网络上时，避免登录社交媒体账户，因为这些网络可能不安全，容易受到攻击。

总之，在社交媒体中保护隐私是一个持续的过程，需要人们不断地学习和适应新的技术和威胁。通过合理利用隐私设置、谨慎分享个人信息、使用强密码和双重认证等措施，人们可以有效降低隐私泄露的风险，享受更安全的社交媒体使用体验。

四、避免网络冲突与负面影响的策略

在社交媒体与网络交流中，避免冲突与负面影响至关重要。以下策略有助于人们维护良好的网络环境。

第一，保持冷静与理性。面对网络上的争议或挑衅，人们应保持冷静，避免情绪化的回应。通过深呼吸、暂时离开屏幕等方式，让自己有足够的时间思考并做出恰当的回应。

第二，尊重他人意见。网络是一个多元化的平台，不同的人有不同的观点和立场。应尊重他人的意见，即使与自己相左，也应以平和、理性的态度进行交流。避免使用攻击性或侮辱性的言辞，以免激化矛盾。

第三，明确沟通目的。在发起网络交流前，人们应明确自己的沟通目的，确保交流内容紧扣主题。避免无关紧要的闲聊或偏离主题的讨论，以减少误解和冲突的可能性。

第四，学会倾听与理解。倾听他人的观点，尝试理解其背后的原因和动机。通过积极的倾听和反馈，人们可以更好地建立信任和理解，从而避免不必要的冲突。

第五，及时道歉与修复关系。若不慎在网络交流中引发冲突或伤害了他人的感情，也应勇于承认错误并及时道歉。通过积极的沟通和修复措施，我们可以恢复受损的关系，并维护网络环境的和谐与稳定。

总之，避免网络冲突与负面影响需要我们保持冷静、尊重他人、明确沟通目的、学会倾听与理解，并及时道歉与修复关系。只有这样，才能在网络世界中建立良好的沟通氛围。

第三节　远程工作沟通技巧

一、远程工作的挑战与机遇

在数字时代，远程工作已成为一种新兴且日益普遍的工作模式。这种模式不仅为员工提供了更大的工作灵活性，也为企业带来了全新的运营方式。然而，远程工作并非全都是优势，它也伴随着一系列挑战与机遇。

在挑战方面，远程工作考验员工的自律性和时间管理能力。在没有传统办公室环境的约束下，员工需要更强的自我驱动力来保持工作效率。此外，沟通障碍也是远程工作中不可忽视的问题。面对面的交流被屏幕和文字所取代，可能导致信息传递的误解和延迟。团队协作也因此变得更加复杂，需要更加精细的协调和沟通机制。

然而，正是这些挑战孕育了远程工作的机遇。随着技术的进步，各种在线协作工具和平台应运而生，为远程工作提供了强有力的支持。这些工具不仅提高了沟通效率，还打破了地域限制，使团队能够轻松实现跨国界、跨时区的合作。同时，远程工作也促进了工作方式的创新，员工可以更加灵活地安排工作时间和地点，从而激发出更多的创造力和生产力。

因此，面对远程工作的挑战与机遇，人们需要积极适应并充分利用现代科技手段，不断优化沟通流程和协作机制。只有这样，才能在数字时代中抓住机遇，克服挑战，实现远程工作的最大价值。

二、高效的远程会议组织与管理

在远程工作的背景下，高效的远程会议成为团队协作不可或缺的一环。为了确保会议顺利进行并达到预期效果，良好的组织与管理至关重要。远程会议流程如图 11-1 所示。

明确目标与议程　➡　选择工具和技术　➡　保持高效沟通和互动　➡　及时总结并跟进落实

图 11-1　远程会议流程

明确会议目标与议程是会议的基础。在会议开始前，组织者应清晰界定会议讨论的主题、目标及预期成果，并提前将议程发送给所有参会者，以便大家做好充分准备。

选择合适的会议工具和技术同样重要。根据会议规模和需求，选用功能完善、操作简便的在线会议平台，如 Zoom、Teams 等，确保音视频质量稳定，便于文件共享和互动协作。

会议期间，保持高效沟通与互动是关键。鼓励参会者积极发言，利用会议平台的举手、聊天等功能促进交流，同时设定时间限制，避免会议冗长拖沓。会议主持人应适时引导话题，确保讨论不偏离主题。

会议结束后，及时总结并跟进落实会议成果。整理会议纪要，明确责任分工和截止日期，通过邮件或项目管理工具发送给相关人员，确保后续行动得到有效执行。

总之，高效的远程会议组织与管理需要细致的前期准备、恰当的技术支持、积极的会议互动以及有效的后续跟进。只有这样，才能确保远程团队在数字时代保持高效沟通与协作，共同推动项目向前发展。

三、远程团队协作的工具与方法

（一）工具篇

（1）Slack 和 Zoom。Slack 是一款强大的团队协作聊天工具，支持实时消息传递和文件分享，方便团队成员在线讨论。而 Zoom 则是一款功能全面的视频会议工具，支持多人在线会议和屏幕共享，有助于团队成员跨越地理界限进行面对面的交流。

（2）Trello 和 Asana。Trello 和 Asana 是项目管理的得力助手，团队成员可以在这些平台上创建任务卡片，分配责任人和截止日期，从而高效地追踪任务进度。

（3）Google Docs 和 BoardMix 在线白板。Google Docs 提供了在线文档编辑功能，团队成员可以实时协作编辑文档。BoardMix 在线白板则支持团队成员在任何时间、任何地点进行线上头脑风暴和协作，大大提高了团队协作的灵活性和效率。

（二）方法篇

（1）明确目标设定。远程协作中，每个团队成员都需要清楚地知道自己的工作目标和期望结果，这有助于团队成员更有效地安排工作，确保项目顺利推进。

（2）定期沟通。建立定期的团队会议和一对一沟通机制，确保团队成员之间的信息流通和共享。此外，利用即时通信工具保持即时的信息交流，也是提高团队协作效率的重要手段。

（3）使用敏捷方法。如 Scrum 和 Kanban 等敏捷方法，可以帮助团队在远程协作中更加高效地管理任务和工作流程，提高团队协作的灵活性和响应速度。

综上所述，选择合适的工具和方法，对于提高远程团队协作的效率至关重要。

四、跨文化远程沟通的策略

在全球化日益加深的今天，跨文化远程沟通已成为许多企业和团队不可或缺的一部分。为了确保沟通顺畅、减少误解，以下是一些关键的跨文化远程沟通策略。

首先，深入了解并尊重不同文化的沟通习惯至关重要。不同文化背景下，人们对于沟通方式、语气以及非语言行为的理解存在差异。因此，在沟通前，应对对方的文化背景进行一定的了解，以避免因文化差异而导致的沟通障碍。

其次，保持开放和包容的心态。在跨文化沟通中，可能会遇到一些与自身文化相悖的观点或行为。此时，应保持冷静和理性，以开放的心态去理解和接纳，从而建立起更加和谐的沟通氛围。

再次，明确沟通目标和期望。在跨文化远程沟通中，由于时空限制，信息的传递和接收可能会受到一定影响。因此，在沟通前，应明确沟通的目标和期望，确保双方对于沟通的内容、目的和结果有共同的理解。

最后，利用技术工具辅助沟通。在跨文化远程沟通中，可以借助视频会议、即时通信等现代技术手段，来弥补因距离和文化差异所带来的沟通障碍。这些工具不仅能够提供更加直观、生动的沟通方式，还能帮助双方更好地理解和传达信息。

总之，跨文化远程沟通需要人们在尊重文化差异的基础上，保持开放和包容的心态，明确沟通目标和期望，并善于利用现代技术工具来辅助沟通。

第四节　数字沟通能力的提升

一、提高个人数字沟通素养

在数字时代，个人数字沟通素养的提升显得尤为重要。随着信息技术的迅猛发展，社交媒体、即时通信工具和远程协作平台已成为人们日常生活和工作中不可或缺的一部分。因此，掌握有效的数字沟通技巧，提高个人数字沟通素养，对于适应数字时代的要求、实现高效沟通具有重要意义。

提高个人数字沟通素养，首先要注重语言表达的准确性和规范性。在数字平台上，文字是沟通的主要载体。因此，人们要确保自己发送的信息准确无误，避免产生歧义或误解。同时，遵循网络礼仪，使用文明、礼貌的语言，尊重他人的观点和感受，也是提升数字沟通素养的关键。

其次，培养倾听和反馈的能力同样重要。在数字沟通中，倾听不仅仅是接收信息，更是理解对方意图、感受对方情绪的过程。通过积极的反馈，人们可以更好地与对方建立联系，促进沟通的深入和有效。

最后，持续学习和实践是提高个人数字沟通素养的必由之路。数字时代变化迅速，新的沟通工具和平台层出不穷，人们要保持对新技术的敏感性和好奇心，不断学习新知识、新技能，并将其应用于实际沟通中，不断提升自己的数字沟通能力。

总之，提高个人数字沟通素养是适应数字时代、实现高效沟通的基础。人们要注重语言表达的准确性和规范性，遵循网络礼仪，培养倾听和反馈的能力，并持续学习和实践，不断提升自己的数字沟通能力。

二、培养有效的数字沟通技巧

在数字时代，有效的数字沟通技巧对于个人与团队的成功至关重要。面对屏幕，人们不仅要传递信息，更要传递情感，建立信任。培养有效的数字沟通技巧，是提升沟通效率与质量的关键。

首先，明确沟通目标。在发送信息前，务必思考你想要达到什么目的，是传达信息、寻求反馈，还是解决问题。明确的目标有助于你选择合适的沟通方式和语气，确保信息被正确理解。

其次，注重语言的准确性和简洁性。在数字沟通中，冗长和模糊的语言容易引发误解。使用清晰、直接的词汇和句子，避免行业术语或缩写，确保对方能够轻松理解你的意思。

再次，积极倾听同样重要。在数字沟通中，你虽然无法直接看到对方的表情和动作，但通过文字、语气和回复速度，依然可以感知对方的情绪和态度。给予对方充分的回应和认可，展现你的关注和理解。

最后，保持礼貌和尊重。无论是与同事、客户还是陌生人沟通，都应遵守网络礼仪，避免使用攻击性或贬低性的语言。尊重他人的观点和立场，以建设性的方式提出自己的看法。

总之，培养有效的数字沟通技巧需要人们在明确沟通目标、注重语言的准确性和简洁性、积极倾听以及保持礼貌和尊重等方面不断努力。只有这样，人们才能在数字时代中更加高效地沟通，建立良好的人际关系，推动个人与团队的共同成长。

三、学习应对数字沟通障碍的方法

在数字时代，沟通虽然便捷，却也伴随着一系列障碍，如信息误解、情感缺失和文化差异等。为了提升数字时代的沟通能力，掌握应对这些障碍的方法至关重要。

首先，明确表达是关键。在数字沟通中，由于缺乏面对面交流时的肢体语言和语调，信息容易被误解。因此，发送信息时务必确保用词准确、简洁明了，避免使用含糊不清或容易引起歧义的词汇。同时，适当使用标点符号和表情符号，有助于传达正确的情感和语气。

其次，注重情感沟通。虽然数字沟通难以完全复制面对面交流时的情感交流，但可以通过文字、图片和视频等方式来弥补这一不足。在沟通中，适时分享个人感受、经历和观点，有助于增进彼此之间的了解和信任。

再次，尊重文化差异。在全球化的数字时代，人们与来自不同文化背景的人沟通的机会越来越多。因此，了解并尊重彼此的文化差异，避免因文化差异导致的误解和冲突，是提升数字沟通能力的重要一环。

最后，保持耐心和开放心态。数字沟通中的障碍往往源于信息不对称和沟通方式的不同。面对这些障碍时，人们应保持耐心，积极寻求解决问题的方法，并保持开放心态，愿意理解和接纳不同的观点和意见。

通过不断学习和实践这些方法，我们可以有效应对数字沟通中的障碍，提升数字时代的沟通能力。

四、不断适应数字沟通环境的变化

在数字时代，沟通环境日新月异，新技术、新平台层出不穷，这对人们的沟通能力提出了新的挑战。为了保持高效和顺畅的沟通，人们必须不断适应这一变化。

数字沟通环境的快速变化要求人们具备持续学习的能力。新的社交媒体工具、远程协作平台不断涌现，它们的功能和使用方式都在不断更新。人们要保持对新技术的敏感性，主动学习并掌握这些工具，以便在工作中灵活运用。

适应数字沟通环境还意味着人们要不断调整沟通策略。随着沟通方式的多样化，人们不仅要学会文字、语音、视频等多种沟通形式，还要根据不同情境和对象选择合适的沟通方式。例如，在正式场合使用严谨的语言，在休闲场合则可以适当放松，使用更亲切的表达方式。

此外，人们还需要培养跨文化沟通的能力。在全球化背景下，数字沟通往往跨越国界，涉及不同文化背景的人。了解并尊重不同文化的沟通习惯，避免因文化差异造成的误解和冲突，是提升数字沟通能力的重要一环。

总之，不断适应数字沟通环境的变化是数字时代每个人的必修课。人们要保持对新技术的开放态度，灵活调整沟通策略，并努力提升跨文化沟通的能力。只有这样，人们才能在数字时代中保持沟通的高效性和顺畅性，为个人的职业发展和团队合作贡献力量。

简述题

1. 简述数字沟通的定义与特点。
2. 说明数字沟通与传统沟通在效果上的主要区别。
3. 简述数字沟通的重要性。
4. 简述社交媒体中隐私保护的主要措施。
5. 说明跨文化远程沟通的关键策略。

即测即练　　　　　　本章案例分析

自学自测　　扫描此码　

第十二章

情感沟通智能

学习目标

1. 增强自我认知，深入了解内在情感状态；
2. 掌握情绪调节技巧，提升心理韧性；
3. 强化人与人之间的情感纽带，建立更深厚的关系；
4. 有效解决情感冲突，促进人际关系和谐；
5. 培养高水平情感沟通智能，促进个人全面发展。

第一节　情感沟通智能概述

【名人名言】

　　情商高的人，善于洞察并管理情绪，在社交中如鱼得水，能有效协调人际关系。

——丹尼尔·戈尔曼

一、情感沟通智能的定义

　　情感沟通智能，作为一种核心的心理与社会能力，是指个体理解、表达、识别及管理自我和他人情感的能力。它不仅仅局限于情绪的识别与表达，更深入探讨如何通过情感这一桥梁，有效建立并维护人际关系。情感沟通智能高的人，能够敏锐地捕捉并解读自己和他人的情绪信号，运用这些信息来指导思维、决策和行为，从而在人际交往中展现出高度的适应性和灵活性。

　　这种智能涉及多个层面，包括自我认知（对自身情感状态有清晰的认识）、他人感知

（准确判断他人的情绪状态与需求），以及情绪管理有效调控自我情绪（避免过度反应或压抑，同时积极影响他人的情绪状态）。情感沟通智能是人际交往的润滑剂，能够促进深层次的理解与共鸣，为构建和谐的人际关系奠定坚实的基础。在现代社会，情感沟通智能已成为衡量个人综合素质与成功潜力的重要指标之一。

二、情感沟通智能的重要性

情感沟通智能在人类的日常生活和社会交往中扮演着至关重要的角色。它不仅关乎个人的情感健康与幸福感，更是构建和谐人际关系和社会氛围的基石。

拥有高度情感沟通智能的个体，能够更敏锐地察觉自己和他人的情绪变化，从而做出恰当的回应和调节。这种能力有助于增强个人的自我认知，促进自我成长与发展。同时，它也能够帮助人们更好地理解他人的需求和感受，建立更加稳固和深入的人际关系。

在团队和组织中，情感沟通智能的重要性尤为突出。团队成员之间良好的情感沟通能够提升团队凝聚力，促进协作与创新。而缺乏情感沟通智能则可能导致误解、冲突和隔阂，影响团队的整体效能。

此外，情感沟通智能还是个人在职场竞争中取得优势的关键因素之一。具备出色情感沟通能力的员工往往能够更有效地与同事、上级和客户建立良好关系，从而获得更多的支持和机会。

因此，人们应该重视并努力提升自己的情感沟通智能，以便更好地适应复杂多变的社会环境，实现个人与社会的和谐发展。

三、情感沟通智能的发展历程

20世纪初，智能研究主要聚焦于智商（IQ），关注逻辑、记忆、理解等方面。然而，随着研究的深入，研究者逐渐认识到了传统智能概念的局限性，开始探索人际智能和内省智能，这标志着情感智能研究的萌芽。

到了20世纪90年代，耶鲁大学心理学教授Peter Salovey和Jack Mayer正式定义了情感智能。他们认为情感智能与认知、理解、管理情绪的能力密切相关。这一里程碑式的发现为情感智能的研究奠定了理论基础。

此后，哈佛大学心理学博士丹尼尔·戈尔曼进一步推动了情感智能的普及。他通过科学论证得出结论：情商（EQ）是人类最重要的生存能力之一，对人生成就有直接影响。这一观点在全球范围内引起了广泛关注和讨论。

进入21世纪，情感智能的研究逐渐从理论走向实践，被广泛应用于教育、企业管理、心理咨询等领域。通过学习和训练，人们可以提升自我和他人情绪的认知与管理能力，从而建立更加和谐、有效的人际关系。

情感沟通智能的发展历程展现了人类对自我和他人情感认知的不断深化，也为人们提供了提升个人和社会能力的有效途径。

四、情感沟通智能的应用领域

情感沟通智能作为人类智能的重要组成部分，在现实生活中具有广泛的应用领域。

在教育领域，教师可以通过情感沟通智能更好地理解学生的情绪状态和学习需求，从而采用更加个性化和人性化的教学方式，激发学生的学习兴趣和积极性。

在企业管理中，情感沟通智能也是领导者必备的重要能力。通过有效识别和管理自身及员工的情绪，领导者可以建立更加和谐、积极的团队氛围，提升团队的凝聚力和工作效率。

此外，在心理咨询与治疗领域，情感沟通智能更是不可或缺。心理咨询师需要运用情感沟通智能来倾听和理解来访者的情绪体验，帮助他们更好地认识和管理自己的情绪，从而解决心理问题，提升生活质量。

同时，情感沟通智能还在人际交往、跨文化交流等方面发挥着重要作用。它帮助人们跨越文化和语言的障碍，实现更加深入、真挚的情感交流，增进彼此之间的理解和友谊。

综上所述，情感沟通智能的应用领域广泛，不仅关乎个人的成长与发展，更涉及社会的和谐与进步。因此，人们应该重视并培养自身的情感沟通智能，以更好地适应复杂多变的社会环境。

第二节　自我认知与他人感知

【名人名言】

个体通过角色扮演理解他人，在情感沟通中，我们运用同理心感知他人情感，恰似进行一场心灵的角色扮演，从而实现与他人的深度连接与有效沟通。

——乔治·米德

一、自我认知的基础

自我认知，作为情感沟通智能的基石，是指个体对自己的内心世界、个性特征、情感状态及行为反应的深刻理解与洞察。这一过程的建立，源自对自我身份的认同，包括个人价值观、信念系统及生活目标的明确。通过内省，人们逐渐揭开自我面纱，认识到自己的优势与局限，从而为成长与进步铺设道路。

自我认知的基础在于自我觉察，即在日常生活的点滴中捕捉并反思个人情绪变化、思维模式和身体反应。它要求个体保持一种开放而诚实的态度，勇于面对自己的不完美，并从中汲取力量。有效的自我对话，是提升自我认知的关键手段，它帮助个体在内心构建一座桥梁，连接理智与情感，促进自我理解与接纳。

此外，客观的自我评价也是自我认知不可或缺的一环，它基于对自身能力、需求及期望的客观分析，为制定个人发展目标、调整行为策略提供指引。

综上所述，自我认知的基础构建于深刻的内省、持续的自我觉察及客观的自我评价之上，是通往更高层次情感沟通与人际交往能力的必经之路。

二、自我情感的识别与表达

在自我认知与他人感知的广阔领域中，自我情感的识别与表达是构筑人际和谐的重要基石。情感，如同内心的指南针，引导人们理解自我、洞察世界。

自我情感的识别，始于对内心细微波动的敏感捕捉。它要求人们静下心来，倾听内心的声音，无论是喜悦、悲伤，还是愤怒、恐惧，都应被正视和接纳。这种自我对话的过程，有助于人们更清晰地认识自己的情感需求与状态。

而情感的表达，则是将内心的真实感受转化为外在的语言、行为或艺术形式。有效的情感表达，能够增进人与人之间的理解与共鸣，促进情感的流通与融合。它要求人们勇于展现真实的自我，不畏惧情感的流露，同时也需要注重表达的方式与场合，以避免误解与冲突。

自我情感的识别与表达，是情感沟通智能的核心环节。它们相辅相成，共同构成了理解自我、连接他人的桥梁。通过不断的实践与修炼，人们能够更加自如地驾驭情感的力量，从而在人际关系的海洋中乘风破浪，驶向和谐与幸福的彼岸。

三、他人情感的感知与理解

在自我认知与他人感知的框架内，他人情感的感知与理解是情感沟通智能的重要组成部分。这不仅关乎人们如何敏锐地捕捉到他人的情绪变化，更涉及人们如何深入地理解这些情绪背后的原因和含义。

若想感知他人情感，首先需要具备敏锐的洞察力，即能够捕捉到微妙的表情、语气和身体语言等非语言信息。这些信息往往是他人情感的真实反映，能够帮助人们更准确地判断他们当时的情绪状态。

然而，具备敏锐的洞察力只是第一步，理解才是关键。人们需要运用同理心，尝试站在他人的角度思考问题，感受他们的情绪体验。这种深入的理解有助于人们建立更加紧密和真诚的人际关系，只有当自身能够真正理解他人的感受时，沟通才会更加有效和贴心。

在日常生活中，提高对他人情感的感知与理解能力至关重要。它不仅能够促进家庭和谐、职场合作，还能在社交场合中帮助人们更好地融入集体，赢得他人的信任和尊重。因此，人们应该不断培养和提升自己的这一能力，以更加智慧和温柔的方式与他人相处。

四、自我认知与他人感知的互动关系

自我认知与他人感知之间存在着微妙而紧密的互动关系。自我认知是个体对自我的理解和评价，它影响着个体的行为模式和决策过程；而他人感知则是来自外界的看法和评价，它往往基于个体的言行举止和外在表现。

在互动中，自我认知为他人感知提供了基础素材。个体的自信、谦逊、热情等特质，都会通过言行传递给他人，形成他人对个体的初步印象。同时，他人感知也在不断地反馈给个体，成为个体自我认知的一部分。他人的赞美、批评或建议，都会让个体重新审视自己，调整自我认知。

这种互动关系并不是单向的，而是相互作用的。个体的自我认知会影响个体的行为，进而影响他人感知；而他人感知又会反过来影响个体的自我认知，促使个体进行自我调整和完善。

因此，要建立良好的人际关系，就需要个体既要有清晰的自我认知，又要善于倾听和理解他人感知。只有通过不断地自我反思和与他人沟通，个体才可以更好地认识自己、理解他人，从而建立起更加和谐的人际关系。这种互动关系是人们成长和进步的重要动力。

第三节 情 绪 管 理

一、情绪管理的基本概念

情绪管理，作为心理学和自我管理领域的重要概念，指的是个体对自身情绪状态的识别、理解、表达和调节的能力。它涉及对积极情绪和消极情绪的有效处理，旨在帮助个体在面对各种情境时，能够保持情绪的稳定与平衡，从而提升生活质量和工作效率。

情绪管理的核心在于自我觉察，即个体需要首先认识到自己的情绪状态，理解情绪产生的根源，以及这些情绪对自身行为和思维的影响。在此基础上，通过一系列的策略和方法，如深呼吸、正念冥想、情绪日记等，个体可以学会如何适当地表达情绪，避免情绪压抑或过度爆发，进而促进情绪的健康流动。

此外，情绪管理还包括对他人情绪的感知与回应，这有助于建立和维护良好的人际关系。通过有效沟通、共情和冲突解决技巧，个体能够更好地理解他人的情绪需求，促进双方的相互理解和支持。

综上所述，情绪管理是一个综合性的过程，它要求个体具备高度的自我意识和情绪调节能力，以实现个人成长和社会和谐。

二、情绪调节的策略与技巧

在情绪管理的广阔领域中，情绪调节的策略与技巧显得尤为重要。有效的情绪调节不仅能帮助人们保持内心的平和，还能促进人际关系的和谐发展。

一种常见的情绪调节策略是深呼吸与冥想。通过深呼吸，人们可以迅速放松紧张的神经，减缓心跳速率，从而减轻焦虑和压力。冥想则是一种更为深入的内心修炼，它教会人们如何专注于当下，不被过去的遗憾或未来的担忧所困扰。

情绪释放也是不可或缺的一环。无论是通过运动、呐喊还是写作，将内心的情绪表达出来都能有效缓解压抑感。此外，积极寻求社会支持，与亲朋好友分享心事，也是调节情绪的有效途径。

认知重构同样值得人们关注。很多时候，人们的情绪反应并非由事件本身引起，而是由人们对事件的看法和解释所决定。通过调整自己的思维模式，人们可以更加理性地看待问题，从而避免不必要的情绪波动。情绪调节的策略与技巧如表 12-1 所示。

表 12-1　情绪调节的策略与技巧

策略和技巧	途　径	作　用
减缓心跳速率	深呼吸和冥想	放松紧张神经，专注当下
情绪释放	运动、呐喊、写作等	表达内心的情绪，缓解压抑感
认知重构	调整思维模式	避免不必要的情绪波动

综上所述，情绪调节的策略与技巧多种多样，关键在于找到适合自己的方法，并在日常生活中加以实践。只有这样，人们才能在复杂多变的世界中保持一颗平和而坚韧的心。

三、情绪管理在日常生活中的应用

情绪管理不仅是心理学研究的范畴，更是人们日常生活中不可或缺的技能。它如同一把钥匙，能够开启和谐人际关系与高效生活的大门。

在日常生活中，情绪管理帮助人们更好地应对压力与挑战。面对工作、学习或家庭中的种种难题，通过合理的情绪调节，人们能够保持冷静与理智，从而做出更为明智的决策。这不仅有助于问题的解决，还能避免因冲动而带来的不必要的麻烦。

情绪管理还能促进人际关系的和谐。在与他人交往时，学会识别并控制自己的情绪，能够减少误解与冲突，增强彼此之间的理解与信任。一个能够妥善管理情绪的人，往往能够赢得他人的尊重与喜爱，从而拥有更加广泛而深厚的人际关系网络。

此外，情绪管理还有助于提升个人的生活质量。当人们能够积极面对生活中的挫折与困难，保持乐观的心态时，生活将变得更加美好与充实。情绪管理让人们学会欣赏生活中的每一个瞬间，珍惜与他人的每一次交流，从而真正体验到生活的幸福与满足。

综上所述，情绪管理在日常生活中的应用广泛而深远，它是人们走向成功与幸福的重要基石。

四、情绪管理对个人成长的影响

情绪管理在个人成长中扮演着至关重要的角色。它不仅是调节心理状态的工具，还是推动个人全面发展的动力源泉。

有效的情绪管理能够增强个体的自我控制能力。在面对挑战和困难时，良好的情绪管理使个人能够冷静思考，避免因冲动而做出错误决策。这种自控力是个人在学业、职场及生活中取得成功的关键因素之一。

情绪管理有助于提升个人的心理韧性。通过合理表达和释放情绪，个体能够更好地应对压力，减少焦虑、抑郁等负面情绪的影响。这种心理韧性使个人在面对逆境时能够迅速恢复，持续前行。

此外，情绪管理还促进了个人社交技能的发展。理解并管理自己的情绪，有助于个体更加敏锐地感知他人的情绪状态，从而改善人际关系，增强团队合作能力。这对于个人在复杂社会环境中立足和发展具有重要意义。

综上所述，情绪管理不仅关乎个人的心理健康，还是推动个人成长和发展的重要力量。通过不断提升情绪管理能力，个体可以在人生道路上更加稳健地前行，实现自我价值的最大化。

第四节　人际关系中的情感沟通

一、人际关系中的情感表达

在人际关系的广阔天地里，情感表达如同桥梁，连接着心灵的彼岸。它不仅是个人情感的流露，还是建立和维护和谐人际关系的基石。有效的情感表达能够增进彼此的理解与共鸣，让关系更加稳固而深厚。

情感表达需真诚而适度。真诚，意味着人们传递的情感是内心真实的写照，不虚伪、不做作；适度，则要求人们在表达时考虑对方的接受能力和情境氛围，避免过度或不足带来的误解与隔阂。无论是喜悦、悲伤还是愤怒，都应通过合适的渠道和方式予以表达，使一方能够准确捕捉到另一方的情感状态，进而产生相应的情感回应。

此外，情感表达还需注重方式与技巧。一个温暖的眼神、一句贴心的话语，往往比长篇大论更能触动人心。学会倾听与反馈，也是情感表达不可或缺的一环。在交流中，给予对方充分的表达空间，并适时给予积极的回应，能够让情感在双方之间顺畅流动，促进人际关系的健康发展。

二、情感沟通在人际关系中的作用

情感沟通在人际关系中扮演着至关重要的角色。它不仅是连接人与人之间心灵的桥梁，更是维持和谐人际关系的基石。

通过情感沟通，人们能够深入理解彼此的内心世界，增强相互之间的信任与理解。当一方真诚地表达自己的情感时，另一方能够感受到被尊重和被重视，从而拉近彼此的距离。这种情感的共鸣有助于建立稳固的情感纽带，使人际关系更加紧密。

情感沟通还能有效缓解人际间的冲突与误解。在沟通中，双方可以坦诚地交流彼此的想法和感受，及时澄清误会，找到共同的解决方案。这种开放和包容的沟通方式有助于减少矛盾的产生，维护人际关系的和谐与稳定。

此外，情感沟通还能促进个人成长与自我提升。在与他人的情感互动中，人们能够不断反思自己的言行举止，学会更好地控制情绪、表达情感，从而提升自身的情感智能和人际交往能力。

总之，情感沟通在人际关系中具有不可替代的作用。它不仅能够加深人与人之间的情感联系，还能有效解决人际问题，促进个人成长与发展。因此，人们应该重视情感沟通在人际关系中的运用，努力提升自己的情感沟通能力。

三、人际关系中的情感冲突与解决

在人际关系中，情感冲突是难以避免的一环。冲突往往源于双方对同一事物的不同看法、价值观的差异或沟通不畅。情感冲突若处理不当，可能导致关系紧张甚至破裂。

面对情感冲突，首要的是保持冷静与理智。双方应学会倾听对方的观点，尊重彼此的感受，避免情绪化的言辞和行为。通过有效的沟通，明确冲突点，寻找共同的解决方案。

解决情感冲突的关键在于增进理解与包容。尝试从对方的角度思考问题，理解其背后的动机和需求。同时，也要坦诚地表达自己的感受与期望，寻求双方都能接受的平衡点。

在冲突解决过程中，妥协与让步也是必不可少的。双方要学会放下部分坚持，以大局为重，共同维护关系的和谐。此外，建立有效的冲突预防机制，如定期沟通、设立共同目标等，也能在一定程度上减少情感冲突的发生。

总之，人际关系中的情感冲突虽难以完全避免，但通过冷静处理、有效沟通、增进理解与包容，以及适当的妥协与预防，人们完全有能力将其转化为增进彼此了解的契机，从而巩固和发展健康的人际关系。

四、建立良好人际关系的情感沟通技巧

在人际关系的构建中，情感沟通是至关重要的桥梁。要想建立良好的人际关系，需要掌握一些有效的情感沟通技巧。

首先，倾听是情感沟通的基础。真诚地倾听对方的想法和感受，不打断、不评判，让对方感受到被尊重和理解。通过倾听，己方可以更好地理解对方的需求和期望，为建立更深层次的关系打下基础。

其次，表达要清晰而真诚。在沟通中，己方要勇于表达自己的感受和观点，但同时也要确保表达的方式不会伤害对方。使用"我"语言来表达自己的感受，可以减少对方的防御心理，增进彼此的理解。

再次，共情能力也是不可或缺的。尝试站在对方的角度思考问题，理解他们的立场

和感受。这种共情能力能够增强彼此的信任和亲近感，使关系更加稳固。

最后，保持积极的心态也是关键。用乐观、包容的心态去面对人际关系中的挑战和冲突，通过积极的沟通方式去化解矛盾，共同寻找解决问题的方案。

综上所述，建立良好的人际关系需要人们在情感沟通中做到倾听、清晰表达、共情以及保持积极心态。这些技巧将帮助人们更好地与他人建立联系，促进人际关系的和谐发展。

第五节　情感沟通智能的培养与提升

一、情感沟通智能的评估方法

情感沟通智能的评估是了解其发展水平的关键步骤。以下是几种有效的评估方法。

（1）情感智能测验（EIS）。这是一种标准化的评估工具，通过一系列与情感智能相关的问题和任务，评估个体的情绪识别、表达、理解和调节能力。EIS 的测验结果根据得分区间进行分类，分数越高代表情感智能水平越高。

（2）语言与非语言沟通能力观察。评估者可以通过观察个体在沟通中的语言表达和非语言行为（如面部表情、肢体语言、语气等）来评估其情感沟通智能。良好的情感沟通者能够用准确、简练的语言表达情感，同时善于运用非语言手段增强沟通效果。

（3）情境模拟与角色扮演。通过设定特定的沟通情境，让个体在其中进行角色扮演，可以评估其在不同情境下的情感沟通智能。这种方法能够考察个体的适应性和灵活性，以及在不同情境下调整沟通策略的能力。

（4）反馈与自我反思。鼓励个体在沟通后进行反馈和自我反思，评估自己在情感沟通方面的表现。这有助于个体认识到自己的不足，并找到提升情感沟通智能的途径。

综合运用以上评估方法，可以更全面地了解个体的情感沟通智能水平，为后续的培养与提升提供有针对性的指导。

二、情感沟通智能的培养途径

情感沟通智能的培养是一个系统工程，涉及个体内在修养与外在实践的双重提升。以下几条途径尤为关键。

（1）加强自我反思。通过日记、冥想等方式，定期审视自身情绪变化与沟通模式，识别并调整不当之处，增强自我认知。

（2）广泛阅读与学习。涉猎心理学、社会学等领域知识，理解人类情感共性与差异，提升对他人情绪状态的敏感度和理解力。

（3）积极参与社交活动。在真实社交场景中实践情感沟通，观察并学习他人的情绪表达与处理方式，逐渐积累实战经验。

（4）接受专业培训。参加情商管理、沟通技巧等培训课程，系统学习情感智能提升的方法与策略，获得专业指导。

（5）培养同理心。主动倾听他人故事，尝试站在对方角度思考问题，增强情感共鸣，提升情感沟通的深度与广度。

通过这些途径的持续努力，个体可以逐步提升情感沟通智能，实现自我成长与和谐人际关系的构建。

三、情感沟通智能的实践应用

情感沟通智能的实践应用广泛而深入，它不仅是人际交往的润滑剂，还是职场成功的关键因素。在教育领域，教师可以通过情感沟通更好地理解学生的需求，调整教学策略，从而激发学生的学习兴趣和积极性；在家庭中，家长运用情感沟通智能，能够建立更加和谐的亲子关系，促进家庭成员间的相互理解和支持；在职场上，情感沟通智能的应用同样至关重要。领导者通过有效的情感沟通，能够激发团队的凝聚力和创造力，推动项目的顺利进行。同时，情感沟通智能还能帮助员工更好地理解公司文化，融入团队氛围，提升工作满意度和忠诚度。

此外，在社交场合中，情感沟通智能也是建立良好人际关系的重要工具。它能够帮助人们更好地识别他人的情绪和需求，从而做出恰当的回应，增进彼此之间的友谊和信任。

总之，情感沟通智能的实践应用无处不在，它不仅能够提升个人的社交能力，还能促进团队和组织的和谐发展。因此，人们应该注重情感沟通智能的培养与提升，将其应用于实际生活中，以更好地适应社会的发展和变化。

四、情感沟通智能的未来发展趋势

随着人工智能技术的飞速发展，情感沟通智能的未来发展呈现出多元化和融合化的趋势。

未来，情感沟通智能将更加注重个性化与精准化。通过大数据分析和机器学习，人工智能将能够更加准确地理解个体的情感需求和沟通偏好，从而提供更加个性化的情感支持与交流方式。这种精准化的情感沟通，将极大地提升人际关系的和谐度和满意度。

情感沟通智能将与虚拟现实、增强现实等技术深度融合，创造出更加丰富的情感交互场景。人们将能够在虚拟环境中体验到更加真实、细腻的情感交流，从而拓展情感沟通的边界和深度。

同时，情感沟通智能的发展也将推动心理健康领域的革新。人工智能将能够通过情感识别与反馈技术，为人们提供实时的心理健康监测和干预，帮助他们更好地管理情绪、缓解压力。这种智能化的心理健康服务，将极大地提升人们的情感福祉和生活质量。

然而，情感沟通智能的发展也面临着诸多挑战，如隐私保护、数据安全、伦理道德等问题。因此，在推动情感沟通智能发展的同时，人们必须注重其合规性和伦理性，确保其在为人类服务的同时，不会侵犯个人隐私和损害社会利益。

综上所述，情感沟通智能的未来发展趋势将是多元化、融合化、个性化和精准化的，它将为人类带来更加丰富、细腻和智能的情感沟通体验。

简述题

1. 简述情感沟通智能的定义及所涉及的层面。
2. 说明情绪管理的基本概念和核心要点。
3. 阐述自我认知与他人感知的互动关系。
4. 列举情绪调节的常见策略与技巧，并简要说明。
5. 简述建立良好人际关系的情感沟通技巧。

即测即练   本章案例分析

自学自测      扫描此码

第五部分

专业与伦理

第十三章

专 业 沟 通

◆ 学习目标

1. 明确定位自己的专业身份，强化职业认同；
2. 遵守特定行业的沟通准则，提升职业竞争力；
3. 建立正面的专业形象，促进个人品牌建设；
4. 精通沟通技巧，有效解决问题；
5. 掌握行业动态，预判专业沟通的未来趋势。

第一节　专业沟通概述

一、专业沟通的定义与重要性

专业沟通是指在特定行业或职业领域内，个体或团队之间为了达成专业目标、解决专业问题而进行的有目的、有策略的信息交流活动。它不仅涉及信息的准确传递与接收，还强调沟通方式的恰当性、专业性和有效性。

专业沟通的重要性不言而喻；首先，它是行业内部协作与交流的基石，能够促进团队成员之间的理解和配合，提高工作效率。其次，通过专业沟通，个人能够展示自己的专业素养和能力，有助于建立个人品牌和职业声誉。最后，专业沟通也是企业与外部利益相关者（如客户、合作伙伴等）建立良好关系的关键，有助于维护企业形象和拓展业务。

在当今社会，随着信息化和全球化的加速发展，专业沟通已成为各行各业不可或缺的技能之一。掌握专业沟通技巧，不仅能够提升个人职业竞争力，还能为企业创造更大的价值。因此，无论是职场新人还是资深专业人士，都应重视并不断提升自己的专业沟通能力。

二、专业沟通的基本原则

在专业沟通中，遵循一些基本原则是确保沟通效果、维护专业形象的关键。

首先，清晰性至关重要。无论是口头沟通还是书面沟通，信息必须准确无误地传达给接收者，避免产生歧义或误解。这要求沟通者使用简洁明了的语言，避免行业术语的滥用，确保信息易于理解。

其次，尊重与礼貌是专业沟通不可或缺的要素。无论是对内沟通还是对外沟通，都应保持谦逊、尊重对方的态度，以建立良好的沟通氛围。礼貌的用语和得体的举止能够展现沟通者的专业素养，促进双方的有效合作。

再次，倾听也是专业沟通的重要原则。有效的倾听能够帮助沟通者更好地理解对方的需求和观点，从而做出恰当的回应。倾听不仅仅是听别人说话，更要理解其背后的意图和情感。

最后，保密性对于某些行业来说尤为关键。在涉及客户隐私、商业机密等敏感信息时，沟通者必须严格遵守保密原则，确保信息的安全性和保密性。

综上所述，专业沟通的基本原则包括清晰性、尊重与礼貌、倾听以及保密性，这些原则共同构成了专业沟通的基础框架。

三、专业沟通的技巧与策略

专业沟通不仅需要掌握行业特定的沟通标准，更需要灵活运用有效的技巧与策略。

首先，倾听是专业沟通的基础。全神贯注地倾听对方意见，不仅能展现尊重，还能准确捕捉信息，为后续交流打下良好基础。

其次，清晰表达至关重要。用简洁明了的语言阐述观点，避免行业术语的滥用，确保信息传达准确无误。同时，注重逻辑性与条理性，使沟通内容更具说服力。

再次，适时运用非语言沟通方式，如肢体语言、面部表情等，以增强沟通效果。这些细微的动作往往能传递出丰富的情感信息，加深彼此的理解与信任。

最后，灵活应对沟通障碍也是专业沟通不可或缺的能力。当遇到误解或冲突时，应保持冷静与理性，通过积极寻求共识与解决方案，有效化解矛盾。

总之，专业沟通的技巧与策略多种多样，关键在于根据具体情况灵活运用。通过不断提升自身的沟通能力，沟通者不仅能在职场中更加游刃有余，还能促进团队合作与项目成功。因此，掌握并运用好这些技巧与策略，对于实现专业沟通的高效与和谐具有重要意义。

四、专业沟通与一般沟通的区别

专业沟通与一般沟通在多个维度上存在显著的区别。具体如表 13-1 所示。

首先，目的不同。一般沟通旨在传递信息、增进了解或建立人际关系，而专业沟通则更注重于实现特定的业务目标，如解决问题、达成共识或推动项目进展。

其次，内容的专业性不同。一般沟通的内容较为宽泛，可以涉及生活琐事、兴趣爱好等；而专业沟通则要求内容准确、专业，并符合行业规范和标准。

再次，沟通方式不同。一般沟通可能更加随意、灵活，而专业沟通则更注重礼貌、尊重和正式性，以确保信息的有效传递和接收。

最后，专业沟通还需要具备更高的沟通技巧和策略，如倾听、提问、反馈等，以更好地应对复杂多变的业务场景和人际关系。

表 13-1　两种沟通类型的优缺点对比

沟通类型	优　点	缺　点
专业沟通	目标明确；内容专业；正式规范；技巧性强	学习成本高；灵活性受限；受众较窄
一般沟通	轻松随意；广泛适用；易于理解	目标性弱；信息精度低；缺乏交流

综上所述，专业沟通与一般沟通在目的、内容、方式和技巧等方面均存在显著差异。了解和掌握这些区别，有助于人们更好地运用专业沟通技巧，提升沟通效果，实现业务目标。因此，在专业领域中，人们应该不断提升自己的专业沟通能力，以适应不断变化的市场需求和挑战。

第二节　行业特定的沟通标准

【名人名言】

1. 医生有三件法宝：语言、药物、手术刀。

——希波克拉底

2. 信息技术正在以前所未有的速度改变着我们的生活和工作方式。

——比尔·盖茨

一、医疗行业的沟通标准

在医疗行业中，沟通不仅是信息传递的手段，更是建立信任、促进治疗的关键。医疗行业的沟通标准主要包括以下几点。

（1）尊重与接纳。医务人员应尊重患者的尊严和隐私，用恰当的方式称呼患者，保持适当的身体距离和目光接触，营造舒适、安全的沟通氛围。

（2）清晰明确。沟通时，应使用简练、清晰、易懂的语言，避免过度使用医学专业术语，确保患者能够准确理解。

（3）充分告知。在沟通中，医务人员应充分告知患者病情、治疗方案、风险及预后，帮助患者做出知情选择。

（4）倾听与共情。耐心倾听患者的陈述，对患者的感受表示理解和同情，给予适当的安慰和支持。

（5）引导与鼓励。医务人员应作为良好的倾听者，鼓励患者表达情感、思想和观念，形成双向互动的沟通过程。

（6）记录与反馈。沟通过程中，应详细记录谈话内容，并在沟通结束后以文字方式反馈给患者，确保信息的准确性和可追溯性。

遵循这些标准，医务人员能够有效地与患者沟通，提高患者满意度，减少医患矛盾，促进医疗服务的持续改进。

二、法律行业的沟通标准

在法律行业，沟通标准至关重要，它不仅关乎案件处理效率，还直接影响法律服务的专业性和客户满意度。

法律专业人士在与当事人或同行沟通时，应保持高度的专业性。语言要清晰、准确，避免使用模糊、含糊不清的表述，以减少误解和歧义。沟通时，法律人士应明确沟通目的和授权范围，确保双方对案件处理有共同的理解。

在传递案件信息时，律师应全面了解案件背景、相关证据，并及时向当事人通报案件进展，以便当事人能够及时了解案件动态。同时，律师在与当事人沟通时，应保持耐心和同理心，理解当事人可能产生的焦虑和压力，通过有效的沟通来缓解其情绪。

此外，法律沟通还应注重效率和效果。律师可以采用多种沟通方式，如面对面会议、电话、电子邮件等，根据具体情况选择最合适的方式，确保信息传递迅速且准确。

在法律沟通中，尊重对方的权益和意见同样重要。通过坦诚、直接的交流，建立信任关系，从而更有效地维护当事人的合法权益。

综上所述，法律行业的沟通标准应体现专业性、准确性、及时性和尊重性，这些标准将有助于法律专业人士在工作中更加高效和专业地进行沟通，提升工作效率和团队合作能力。

三、金融行业的沟通标准

在金融行业，沟通标准尤为重要，它不仅关乎信息的准确传递，还直接影响客户信任的建立。以下是金融行业的关键沟通标准。

（1）信息准确性。金融从业人员必须确保提供的信息真实、准确、完整，不得误导客户。对于不确定的信息，应主动告知客户并积极寻求解决方案，确保客户能够基于可靠的信息做出决策。

（2）简明扼要。金融沟通应简洁明了，避免冗长和复杂的表述。从业人员需要用非专业人士也能理解的语言，解释复杂的金融概念和数据，确保信息传递的有效性。

（3）尊重与礼貌。在与客户沟通时，金融行业人员应始终展现出尊重和礼貌，使用"您好""请""谢谢"等礼貌用语，保持和颜悦色的面部表情和清晰悦耳的声音，营造专业且友好的沟通氛围。

（4）非言语信息。除了语言表达，金融从业人员还应善于观察和理解非语言信息，如身体语言、面部表情和声调，以更好地判断客户的情绪和态度，增强沟通的互动性和有效性。

（5）灵活应对。面对不同的沟通对象，如客户、上司、同事，金融从业人员应灵活调整沟通方式，以满足对方的需求，建立良好的信任关系，促进合作与共赢。

这些标准共同构成了金融行业沟通的基础，确保沟通的专业性、有效性和客户信任的建立。

四、IT 行业的沟通标准

在 IT 行业中，沟通不仅是日常工作的润滑剂，还是项目成功的关键。以下是 IT 行业的沟通标准。

首先，明确沟通目的至关重要。IT 项目复杂多变，沟通时务必清晰界定目标，确保信息传递准确无误。同时，良好的沟通需要倾听与表达并重。团队成员应善于倾听各方意见，确保理解无误；表达时，应力求简洁明了，避免专业术语的过度使用，确保非技术背景人员也能理解。

其次，建立有效的沟通机制。IT 项目应制订详细的沟通计划，明确信息分发、绩效报告和管理收尾的流程。项目团队应定期与用户方举行会议，通报进展，分析问题，确保项目始终处于可控状态。

再次，注重沟通反馈。无论是内部团队还是外部用户，对建议和想法都应及时回应，以增强合作信心。同时，对于贡献和努力，应及时表扬和感谢，营造积极向上的工作氛围。

最后，应对冲突保持冷静。IT 项目中难免遇到分歧，此时应尊重对方意见，换位思考，寻求共赢的解决方案。若无法解决，可及时寻求上级或专业机构的帮助。

综上所述，IT 行业的沟通标准构成了 IT 项目成功的沟通基石。

第三节 专业形象塑造的重要性

一、形象与职业生涯的关系

在职业生涯的广阔舞台上，一个得体的形象，不仅能够给初次见面的人留下深刻而良好的第一印象，更能在长期的职业交往中建立起稳固的信任与尊重。

形象与职业生涯紧密相连，它不仅是个人素质的直观体现，还是职业素养的重要组成部分。一个注重形象塑造的专业人士，往往能够更容易获得他人的认可与信赖，从而在职场竞争中脱颖而出。反之，一个忽视形象管理的人，可能会因为给人留下不够专业、不够认真的印象，而错失良机。

此外，随着职业生涯的发展，个人形象也需要不断地进行调整与升级，以适应不同阶段、不同职位的需求。从初入职场的青涩新人，到经验丰富的行业精英，每一个阶段的形象塑造都应与个人的职业目标、行业特点相匹配，展现出更加成熟、专业的风貌。

因此，形象塑造不仅是个人品位的体现，还是职业生涯成功的重要保障。它要求人们在注重内在修养的同时，也不忘外在形象的打造，让形象成为推动职业生涯发展的有力助手。

二、专业形象对个人品牌的影响

在专业领域中，个人品牌是职场竞争力的核心要素之一，而专业形象则是塑造和强化这一品牌的关键。一个精心打造的专业形象，不仅能够提升个人的职业可信度，还能在无形中扩大个人的影响力。

专业形象通过着装、言行举止、专业技能等多方面的展现，塑造了一个人在职场中的独特标识。这种形象一旦形成，便会在同事、客户及行业内产生深刻的印象，从而有助于个人品牌的传播和认可。

当个人形象与所从事的行业或职位高度契合时，会增强他人对其专业能力的信任感。这种信任感是建立长期合作关系和拓展业务网络的基础，对于个人职业发展至关重要。

此外，一个积极、正面的专业形象还能够激发个人的内在动力，促使个人不断提升自身能力和素质，以更好地匹配和维护这一形象。这种自我驱动的力量，是个人品牌持续增值的重要源泉。

因此，专业形象不仅关乎个人的外在表现，还深刻影响个人品牌的塑造与传播。在职场中，每个人都应重视并努力塑造自己的专业形象，以此来打造和提升个人品牌，实现职业生涯的长远发展。

三、如何通过沟通塑造专业形象

在职场中，沟通不仅是信息传递的工具，还是塑造专业形象的重要途径。

首先，确保语言的准确性和专业性。行业术语和精确的表达能够展现你的专业素养和深度理解；避免含糊其辞的言辞，以免给人留下不专业、不可靠的印象。

其次，注重沟通的方式和态度。保持礼貌、尊重和耐心，即使面对不同意见或挑战，也能以平和的心态进行交流。展现出你的专业素养和广阔胸襟，有助于树立正面的专业形象。

再次，积极倾听也是塑造专业形象的关键。通过倾听，你能够更好地理解对方的需求和观点，从而做出恰当的回应。这不仅体现了你的专业素养，还能增强彼此之间的信任和合作。

最后，在沟通中展示自己的自信和热情。自信能够传递出你的专业能力和坚定信念，而热情则能感染他人，增强团队的凝聚力和向心力。

总之，通过准确、专业的语言，恰当的沟通方式和态度，以及积极倾听和自信热情的展现，你能够在沟通中塑造出令人信服的专业形象。

四、专业形象塑造的误区与建议

在专业形象塑造的过程中，一些误区容易让人陷入困境。误区之一，过分追求时尚而忽略了专业性。有些人认为只要穿着时尚就能展现专业形象，然而，过度的时尚元素可能会削弱专业感，让人显得不够稳重。误区之二，缺乏个性。专业形象并不意味着千篇一律，适度的个性展现能够让人更加鲜明，更容易被记住。

为了避免这些误区，以下是一些建议。第一，要明确自己的职业定位，选择符合职业特点的着装和配饰。第二，要在保持专业性的基础上，适度展现自己的个性，如通过选择独特的领带、手表等细节来彰显个人品位。第三，要注重细节，保持整洁、得体的仪容仪表，这是塑造专业形象的关键。

总之，专业形象塑造是一个综合的过程，需要人们在着装、配饰、仪容仪表等多个方面下功夫。只有避免误区，注重细节，才能真正塑造出既专业又有个性的形象，为职业发展打下坚实的基础。因此，人们应该不断学习、实践，不断提升自己的专业形象塑造能力。

第四节　专业沟通技巧

一、有效的倾听技巧

在专业沟通中，有效的倾听技巧是建立良好沟通关系的基石。倾听不仅仅是听到对方的话语，更是理解其背后的意图和情感。

首先，保持专注是有效倾听的前提。当对方发言时，沟通者应全神贯注，避免分心或打断，以表示对对方的尊重和重视。即通过点头、保持眼神交流等非语言方式向对方传达出自己在认真倾听的信号。

其次，理解并反馈对方的观点至关重要。倾听过程中，沟通者需要努力理解对方的立场和想法，并在适当时机给予积极的反馈。这不仅能够确保沟通的准确性，还能增强双方的信任感。

最后，保持开放和包容的心态。在倾听中，沟通者可能会遇到与自己不同的观点或意见，此时应先保持冷静和客观，避免过早下结论或产生偏见。通过倾听和了解，沟通者可以拓宽视野，增进彼此的理解。

有效的倾听技巧不仅能够帮助沟通者更好地理解对方，还能促进沟通的顺利进行，从而在专业领域中建立起更加稳固和和谐的人际关系。因此，掌握并运用这些技巧是每位专业人士必备的能力。

二、清晰表达与信息传递

在专业沟通中，清晰表达与信息传递是确保双方理解一致、避免误解的关键环节。清晰表达意味着沟通者需要用简洁明了的语言，将信息准确、完整地传达给对方。这要求沟通者具备扎实的语言功底和逻辑思维能力，能够将自己的想法条理清晰地组织起来，并通过恰当的词汇和语法表达出来。

信息传递的有效性则取决于沟通双方的互动与反馈。沟通者不仅要注重口头表达的清晰度，还要关注非语言因素，如肢体语言、面部表情和语调等，这些都能在一定程度上影响信息的接收和理解。同时，倾听也是信息传递过程中不可或缺的一部分。良好的沟通者会积极倾听对方的反馈，及时调整自己的表达方式，以确保信息的准确传递。

在实际工作中，清晰表达与信息传递能力的提升需要不断练习和反思。通过模拟沟通场景、参加专业培训或阅读相关书籍，沟通者可以逐步提高自己的表达能力，使信息传递更加高效、准确。总之，清晰表达与信息传递是专业沟通技巧中的重要组成部分，对于提升沟通效果、促进合作具有重要意义。

三、提问与反馈的艺术

在专业沟通中，提问与反馈是不可或缺的艺术。有效的提问能够引导对话、挖掘深层信息，而恰当的反馈则能促进理解、增强沟通效果。

提问时，应注重问题的开放性与针对性。开放式问题鼓励对方分享更多信息，有助于全面了解情况；针对性问题则能聚焦核心，快速获取关键信息。同时，提问应尊重对方，避免过于尖锐或侵犯隐私的问题，以建立和谐的沟通氛围。

反馈方面，及时、具体且建设性的反馈至关重要。及时反馈能让对方感受到重视，促进沟通的连续性；具体反馈需指出对方表现中的亮点与不足，避免模糊评价；建设性反馈则旨在提出改进建议，帮助对方成长。在给予反馈时，应关注对方的感受，以积极、鼓励的态度进行，避免打击对方的积极性。

掌握提问与反馈的艺术，不仅能提升专业沟通的效率与质量，还能增进彼此间的信任与合作。因此，在专业沟通中，沟通者应不断修炼这一艺术，让沟通成为推动工作、促进成长的强大动力。通过巧妙的提问与积极的反馈，共同构建更加高效、和谐的沟通环境。

四、处理冲突与难题的沟通方法

在专业沟通中，处理冲突与难题是不可或缺的一环。面对冲突，首先要做的是保持冷静，避免情绪化的反应。通过倾听对方的观点和感受，建立相互理解和尊重的基础。采用"我"语言表达自己的立场和需求，减少指责和攻击，有助于维持沟通的积极氛围。

当遇到难题时，应主动寻求共识，寻找双赢的解决方案。这要求双方具备开放的心态，愿意妥协和合作。通过集思广益，共同探索问题的根源和多种解决方案，可以更有效地应对难题。

在处理过程中，保持透明和诚实的沟通至关重要。避免隐瞒信息或误导对方，以免加剧冲突或造成信任破裂。适时地给予反馈和确认，确保双方对问题的理解和解决方案的认识保持一致。

此外，灵活应对和持续沟通也是解决冲突与难题的关键。随着情况的变化，及时调整策略和方法，保持沟通的连续性和有效性。通过不断的努力和沟通，最终化解冲突，克服难题，实现专业沟通的目标。掌握这些处理冲突与难题的沟通方法，将极大地提升专业沟通的效果和效率。处理冲突的过程如图 13-1 所示。

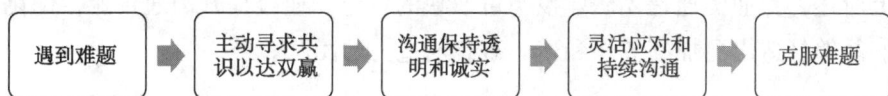

图 13-1　冲突处理的过程

第五节　案例分析与实践应用

一、典型行业沟通案例分析

在金融行业中，沟通的专业性和严谨性至关重要。以某知名投资银行为例，其项目经理在与跨国团队合作时，面对不同文化和语言背景，采取了多种沟通策略。他组织了多国员工间的小组讨论，鼓励团队成员分享观点，并尊重不同的表达风格。他还注重非语言沟通，如保持微笑、清晰的手势和稳定的声调，以增强信任感。通过这些措施，项目团队成功克服了文化差异，促进了有效合作。

在科技行业，沟通同样具有挑战性。一家科技初创公司的产品经理在与技术团队和市场团队沟通时，采用了清晰、简洁的表达方式，确保信息准确传达。他定期召开跨部门会议，让团队成员了解项目进展，并积极倾听各方意见。此外，他还利用在线协作工具，如 Slack 和 Trello，提高沟通效率，确保项目按时交付。

这些案例表明，在不同行业中，有效的沟通策略需要根据行业特点和团队文化进行调整。无论是金融行业的严谨性，还是科技行业的创新性，都需要通过专业的沟通技巧，促进团队合作，实现共同目标。

二、专业沟通在团队建设中的应用

在团队建设中，专业沟通扮演着至关重要的角色。它不仅能够促进团队成员之间的信息交流，还能增强团队凝聚力，推动项目顺利进行。

通过专业沟通，团队成员能够清晰地表达自己的观点、需求和期望，从而避免误解和冲突。在团队讨论中，采用开放、直接且尊重的沟通方式，能够激发每个人的积极性和创造力，共同为团队目标贡献力量。

同时，专业沟通也是塑造团队文化的重要手段。通过有效的沟通，团队成员能够形成共同的价值观和行为规范，增强团队的身份认同感和归属感。这种文化氛围有助于提升团队的整体效能，使团队在面对挑战时更加团结和坚韧。

在团队建设中，领导者应尤为注重专业沟通的运用。他们需要通过沟通来传达团队的愿景和目标，激励团队成员不断前行。同时，领导者还要密切关注团队成员的沟通需求和障碍，及时提供支持和帮助，确保团队沟通顺畅无阻。

综上所述，专业沟通是团队建设不可或缺的一环。通过提升沟通技能、优化沟通机制，我们能够打造出更加高效、和谐、富有创造力的团队。

三、跨文化专业沟通的挑战与对策

在全球化背景下，跨文化专业沟通成为职场中不可或缺的一环。然而，这一过程面临着诸多挑战。

文化差异往往导致沟通误解和冲突。不同国家和地区有着独特的沟通习惯、价值观念和礼仪规范。例如，一些文化强调直接和坦率，而另一些文化则更倾向于含蓄和委婉。这种差异导致在跨文化沟通中，信息传递和接收可能产生偏差，进而影响合作与决策。

为应对这些挑战，需要采取有效对策。首先，深入了解目标文化的沟通特点至关重要。通过学习和研究，增强对文化差异的理解和尊重，有助于减少误解和冲突。其次，提升语言能力和沟通技巧也是关键。准确、流利的语言表达能力能够增强信息的传递效果，而良好的倾听和反馈机制则有助于建立互信和共识。最后，建立跨文化沟通团队和制定相关培训计划也是有效对策。通过团队合作和培训，能够增强成员间的文化敏感性和适应能力，促进跨文化沟通的顺利进行。

总之，跨文化专业沟通既充满挑战也孕育机遇。通过深入了解文化差异、提升语言能力和沟通技巧，以及建立跨文化沟通团队，人们能够更好地应对挑战，实现有效沟通与合作。

四、未来专业沟通发展趋势

随着科技的迅猛发展和全球化的加速推进，未来专业沟通领域将呈现出多元化、智能化和跨文化性的趋势。

首先，数字化和智能化技术将深刻改变专业沟通的方式。人工智能、大数据和云计算等技术的应用，将使沟通更加高效、精准和个性化。例如，智能沟通系统将能够根据沟通对象的特征和行为，自动调整沟通策略和内容，从而提高沟通效果。

其次，跨文化沟通的重要性将日益凸显。在全球化背景下，企业间的合作与交流日益频繁，不同文化背景下的沟通需求也日益增多。因此，未来专业沟通将更加注重培养跨文化沟通能力，以适应不同文化背景下的沟通需求。

最后，多元化沟通方式也将成为未来专业沟通的重要趋势。随着社交媒体、即时通信工具和视频会议的普及，沟通方式将更加多样化，不再局限于传统的面对面交流。这将为专业沟通提供更多的选择和便利，同时也对沟通者的能力和技巧提出了更高的要求。

综上所述，未来专业沟通将朝着数字化、智能化、跨文化和多元化的方向发展。这要求沟通者不断更新知识、提升技能，以适应不断变化的沟通环境，实现更加高效、精准和成功的沟通。

简述题

1. 简述专业沟通的定义与重要性。
2. 说明医疗行业的沟通标准。
3. 阐述专业形象对个人职业生涯的影响。
4. 列举专业沟通的技巧与策略。
5. 简述未来专业沟通的发展趋势。

即测即练　　　　本章案例分析

自学自测　　扫描此码　　　

第十四章

沟通伦理与法律

学习目标

1. 培养深厚的道德责任感，遵循沟通的道德准则；
2. 熟悉相关法律法规，合法合规地交流；
3. 尊重个人隐私，严守保密义务；
4. 合理界定沟通中的权利与责任；
5. 将伦理原则融入日常工作与交往，提升社会公信力。

第一节　沟通伦理与法律概述

一、沟通伦理的基本概念

　　沟通伦理是伦理体系在沟通交流过程中的具体运用，它形成了一套新的伦理观念、原则和规范。沟通不仅仅是信息的传递和交换，更是人们在知识、观点、感情、愿望、态度和观念等方面的社会行为过程。良性沟通、和谐相处对于形成友善、融洽的人际关系至关重要，这也是构建和谐社会的基本要求。

　　沟通伦理的基本规范建立在一定的伦理道德观念基础上。这些观念可能因文化背景、生活环境的不同而有所差异，但在沟通过程中，大多数人会形成相对一致的评判标准。这些标准因经过长期实践检验，被多数人认同，并形成了沟通中的伦理原则和规范。例如，在中国传统文化中，"父子有亲，君臣有义，夫妇有别，长幼有序，朋友有信"成为某一时期沟通的基本伦理规范。然而，随着社会的不断发展，这些规范也在不断调整和演变，如现代社会更强调领导与下属之间、夫妻之间的平等与尊重。

　　沟通伦理不仅具有时代性的特点，还带有明显的文化性。中西方的伦理观念存在显著差异，这直接影响双方在沟通中的行为规范。例如，中国人注重"长幼有序"，而西方人则更看重"自由、平等、独立"。

沟通伦理的基本规范在人际交往和社会沟通中起到了方向和原则的作用。一方面，它指导个体的交往活动，规范和约束自己的行为，完善人格；另一方面，也帮助人们鉴别和判断他人的沟通行为，正确认识沟通对象，提高沟通的有效性。因此，掌握和遵循沟通伦理的基本规范，是实现人际和谐、社会有序的重要保障。

二、法律在沟通中的作用

在法律与沟通的交汇点，法律扮演着至关重要的角色。它不仅是社会秩序的基石，更是沟通行为的指导者和规范者。

首先，法律为沟通提供了明确的框架和界限。在沟通中，各方必须遵循法律所规定的权利和责任，确保信息的传递和接收在法律允许的范围内进行。这有助于防止沟通中的误导、欺诈和侵犯隐私等行为，保护沟通双方的合法权益。

其次，法律在沟通中起到了调解和仲裁的作用。当沟通双方出现分歧或冲突时，法律提供了解决纠纷的途径和程序。通过法律手段，双方可以理性、公正地解决争议，避免矛盾升级和恶化。这有助于维护社会稳定和和谐，促进人与人之间的信任和合作。

最后，法律还促进了沟通的透明度和可信度。在法律的约束下，沟通双方必须诚实、客观地传递信息，不得隐瞒或歪曲事实。这有助于建立沟通的诚信基础，提高沟通的质量和效率。同时，法律也为沟通提供了可预测性和稳定性，使沟通双方能够明确自己的权利和义务，从而更好地规划未来的行为。

综上所述，法律在沟通中发挥着不可或缺的作用。它既是沟通行为的规范者，又是纠纷解决的调解者，更是提高沟通透明度和可信度的保障者。在沟通伦理与法律的框架下，我们应该尊重法律、遵守法律，利用法律的力量促进人与人之间的和谐与信任。只有这样，我们才能构建一个更加文明、法治、和谐的社会环境，实现人与人之间的有效沟通和共同发展。

三、伦理与法律的相互关系

在探讨沟通伦理与法律的过程中，伦理与法律作为维护社会秩序、促进公平正义的两大支柱，其相互关系显得尤为重要。

伦理，作为社会道德规范的内在体现，主要通过个体的道德自觉与良知来发挥作用。它强调的是人与人之间的相互尊重、理解、包容与责任，旨在构建一个和谐、友善的社会环境。在沟通中，伦理要求人们保持诚实、尊重隐私、不伤害他人，这些原则构成了沟通伦理的核心。

法律，则是社会道德规范的制度化、具体化表现。它通过国家强制力来保障实施，对违反法律规范的行为进行惩罚，以维护社会秩序和公共利益。在沟通领域，法律对信息的保密、隐私权的保护、言论的自由与责任等方面都作出了明确规定，为沟通行为提供了明确的法律边界。

伦理与法律在维护社会秩序、促进公平正义方面相辅相成。一方面，伦理为法律提供了价值基础和道德支撑，使法律在制定和实施过程中更加符合社会道德观念；另一方面，法律为伦理的践行提供了制度保障，使伦理规范在社会生活中得以有效落实。在沟通中，伦理与法律的共同作用，既保障了沟通的顺畅与高效，又维护了个体的权利与尊严。

综上所述，伦理与法律在沟通伦理与法律体系中相互依存、相互促进，共同构成了维护社会秩序、促进公平正义的坚固防线。在构建和谐社会的过程中，人们应当注重伦理与法律的协调发展，推动二者在沟通实践中的深度融合与有效衔接。

四、沟通中的道德责任

在沟通伦理与法律的广阔领域中，道德责任占据着举足轻重的地位。沟通不仅是信息交流的过程，还是人际关系与情感联结的桥梁。因此，在沟通中秉持道德责任，是维护和谐人际关系、促进社会公正与进步的基石。

道德责任要求人们在沟通时保持真诚与尊重。真诚意味着人们要如实表达自己的观点与感受，不夸大、不歪曲事实，以免误导他人或造成不必要的误解；尊重则体现在对他人意见与情感的接纳与理解上，无论对方的观点是否与我们一致，我们都应给予其充分的表达空间，避免打断、贬低或嘲笑。

此外，道德责任还意味着我们要在沟通中维护公正与诚信。公正要求我们在信息传递与接收时保持中立与客观，不偏袒任何一方，确保信息的真实性与准确性；诚信则是人们沟通行为的基石，它要求人们在承诺与履行之间保持一致，不轻易违背自己的诺言，以免损害他人的信任与利益。

在数字化时代，沟通方式日益多样，但道德责任的原则始终如一。人们应当时刻警醒自己，在社交媒体、电子邮件、即时通信等各种沟通平台上，要坚守道德底线，不传播谣言、不泄露隐私、不恶意攻击他人，共同营造一个健康、文明、和谐的沟通环境。

总之，沟通中的道德责任是每个人都应承担的社会责任，它关乎个人品质、人际关系乃至社会风气。让人们在沟通中践行道德责任，共同推动社会的和谐与进步。

第二节　保密与隐私原则

【名人名言】

三个人也能保守秘密，前提是其中两个人已经死去。

——本杰明·富兰克林

一、保密义务的内涵

保密义务是指个体或组织在特定关系或职责中，对接触到的敏感信息负有不得泄露的法律责任。这种责任广泛存在于各种法律关系中，包括但不限于律师与委托人、员工与雇主、合同双方等。

保密义务的内涵首先体现在对敏感信息的严格保护上。这些信息通常包括国家秘密、商业秘密、个人隐私等，它们或因涉及国家安全，或因具有经济价值，或因关乎个人尊严，而需要得到特别的保护。保密义务要求相关个体或组织必须采取一切必要措施，防止这些信息被未经授权的第三方获取。

在律师执业活动中，保密义务尤为重要。律师在执业过程中，不可避免地会接触到委托人的个人隐私、商业秘密等敏感信息。根据法律规定，律师必须为这些信息保密，未经委托人同意，不得向第三人公开，甚至不得向国家机关公开。这一义务不仅体现了对委托人权益的尊重和保护，也是律师职业道德和法律责任的重要组成部分。

对于员工而言，保密义务同样不可或缺。员工在履行职责过程中，可能会接触到雇主的商业秘密等敏感信息。根据《中华人民共和国劳动法》规定，员工必须为这些信息保密，即使在离职后，也不得泄露或使用这些信息。这种保密义务不仅是对雇主的忠诚和尊重，也是员工个人职业素养和法律意识的体现。

综上所述，保密义务是一种重要的法律责任和道德义务，它要求个体或组织在特定关系或职责中，对接触到的敏感信息负有严格的保护责任。这种责任的履行，不仅有助于维护国家安全、保护商业秘密和个人隐私，也有助于促进社会的和谐稳定和公平正义。

二、隐私权的法律保护

隐私权是自然人享有的私人生活安宁与私人信息秘密依法受到保护的权利，不被他人非法侵扰、知悉、收集、利用和公开。这种人格权在法律上得到了明确的保护。

在我国，《中华人民共和国民法典》对隐私权进行了详细的规定。《民法典》第一千零三十二条明确规定，自然人享有隐私权，任何组织或者个人不得以刺探、侵扰、泄露、公开等方式侵害他人的隐私权。隐私包括自然人的私人生活安宁和不愿为他人知晓的私密空间、私密活动、私密信息。未经权利人明确同意或法律另有规定，任何人都不得实施上述侵害行为。

《中华人民共和国治安管理处罚法》也对侵犯隐私权的行为作出了处罚规定。根据该法，偷窥、偷拍、窃听、散布他人隐私的，将处五日以下拘留或者五百元以下罚款；情节较重的，处五日以上十日以下拘留，可以并处五百元以下罚款。

除了上述法律，《中华人民共和国宪法》也对隐私权提供了基础性的保护。《宪法》第四十条规定，公民的通信自由和通信秘密受法律保护，禁止任何组织或者个人非法侵犯。此外，《中华人民共和国个人信息保护法》的施行也进一步强化了个人隐私的保护，严厉打击非法买卖、过度收集个人信息的行为。

综上所述，我国法律对隐私权提供了全面而严格的保护。无论是个人还是组织，在收集、使用、处理他人个人信息时，都必须遵守法律规定，尊重他人的隐私权。任何侵犯他人隐私权的行为，都将受到法律的制裁。这种法律保护不仅维护了个人的私生活安宁和信息安全，也促进了社会的和谐与稳定。

三、沟通中的保密实践

在沟通伦理中，保密实践是至关重要的环节，它直接关系到个人隐私的保护以及信任关系的建立。保密实践不仅是对个体隐私权的尊重，还是专业沟通中不可或缺的职业操守。

在沟通过程中，保密实践要求参与者严格遵守保密原则，不泄露任何可能涉及个人隐私的信息。这包括在口头交流、书面记录以及电子通信中，都要确保信息的机密性。为了实现这一目标，有效的保密措施如加密通信、限制访问权限以及建立严格的保密协议等，都是必不可少的。

同时，保密实践还强调对信息的审慎处理。在面对敏感或机密信息时，沟通者应具备高度的职业敏感性和责任感，避免在公共场合或不当场合讨论这些信息。此外，对于已经获取的个人信息，应仅限于为实现特定目的而使用，并避免不必要的存储或传播。

在实际操作中，沟通者还应定期接受保密培训，以提高保密意识和技能。同时，建立有效的监督机制，对违反保密规定的行为进行严肃处理，也是保障保密实践有效实施的重要措施。

总之，沟通中的保密实践是维护个人隐私和信任关系的关键。通过严格遵守保密原则、采取有效保密措施，以及加强保密培训和监督，我们可以共同营造一个安全、可信的沟通环境。

四、隐私泄露的风险与后果

在当今数字化时代，隐私泄露已成为一个不容忽视的严重问题。随着信息技术的飞速发展，个人隐私信息如身份证号、电话号码、住址甚至是个人生活习惯和偏好等，都可能被不法分子通过各种手段获取。隐私泄露不仅侵犯了个人的基本权利，还可能引发一系列严重的后果。

隐私泄露首先会导致个人安全受到威胁。一旦不法分子掌握了个人敏感信息，他们可能会利用这些信息进行诈骗、身份盗窃等犯罪活动，给受害者带来财产损失和精神伤害。此外，隐私泄露还可能破坏个人的社会形象和生活秩序，如泄露个人私密照片或聊天记录等，会对受害者的名誉和家庭关系造成极大的损害。

对于企业而言，隐私泄露同样具有极大的风险。一方面，企业需要承担因泄露客户隐私而产生的法律责任，这可能包括巨额罚款和声誉损失；另一方面，隐私泄露也会破坏企业与客户之间的信任关系，导致客户流失和业务损失。

因此，保护个人隐私不仅是每个人的基本权利，也是社会稳定和经济发展的重要保障。人们必须高度重视隐私保护问题，加强法律法规的制定和执行力度，提高个人和企业的信息安全意识，共同构建一个安全、和谐的信息社会。只有这样，人们才能有效防范隐私泄露的风险，减少其带来的严重后果。

第三节　权利与责任的界定

一、沟通中的权利范畴

在人际沟通中，权利是确保个体尊严与自由的重要基石。沟通中的权利范畴涵盖多个方面，旨在保护参与者的合法权益，促进公平、和谐的交流环境。

首先，知情权是沟通中的基本权利之一。知情权指的是沟通双方有权利了解对方传递的信息，确保信息的透明与真实。无论是工作汇报、商务谈判还是日常交流，知情权都确保了信息的对等传递，防止信息不对称导致的误解或欺诈。

其次，表达权是沟通中不可或缺的权利。表达权允许个体自由地表达思想、情感和观点，不受外界干涉或压制。表达权的实现有助于增进相互理解，促进共识的达成，同时也是个人尊严与自由的体现。

再次，隐私权在沟通中也占有重要地位。尽管沟通需要信息的交流，但个体的私人信息、生活空间等应受到保护，避免被无端泄露或滥用。隐私权的尊重有助于维护个体的尊严与安全，促进信任关系的建立。

最后，拒绝权也是沟通中的一项重要权利。它赋予个体在特定情况下拒绝沟通或拒绝接受某些信息的权利。拒绝权的行使有助于保护个体的自主选择权，防止被迫接受不愿接受的信息或要求。

综上所述，沟通中的权利范畴涵盖知情权、表达权、隐私权和拒绝权等多个方面，对这些权利的保障是实现有效沟通、促进人际关系和谐的重要基础。

二、信息披露的责任边界

在权利与责任的界定中，信息披露的责任边界是一个复杂而重要的问题。信息披露不仅是上市公司的法定义务，还是保障投资者知情权和监督公司运营的重要手段。

信息披露的责任边界首先体现在对披露内容的真实性和准确性的要求上。上市公司必须依法披露信息，不得有虚假记载、误导性陈述或重大遗漏。这不仅是对投资者的基本保障，还是维护市场秩序的必要条件。一旦上市公司违反这一原则，将面临法律的严厉制裁，包括责令改正、警告、罚款，甚至刑事责任。

然而，信息披露的责任边界并非没有限制。在保护投资者知情权的同时，也需要平衡上市公司的商业秘密和客户的金融隐私权。上市公司在信息披露时，必须遵循相关法律法规，确保不泄露公司的核心机密和客户的敏感信息。这种平衡体现了信息披露责任边界的复杂性。

此外，信息披露的责任还涉及披露义务、披露责任和披露周期等方面。上市公司应当建立健全内部控制制度和信息披露制度，落实信息披露的责任和义务。监管部门也应加强对上市公司信息披露行为的监督和检查，及时发现和纠正违法行为。投资者则应提高风险意识，关注上市公司信息披露，维护自身的合法权益。

综上所述，信息披露的责任边界是一个综合性问题，涉及内容、范围、方式以及限制和约束等多个方面。上市公司、监管部门和投资者应共同努力，建立健全信息披露的制度和机制，促进信息披露的透明化、规范化和便民化。只有这样，才能确保信息披露的合法性和规范性，维护上市公司的良性发展和社会的健康秩序。

三、知识产权的保护与尊重

知识产权，即权利人对其经智力劳动所创作的成果和经营活动中的标记、信誉所依法享有的专有权利，是现代社会发展中不可或缺的重要元素。在权利与责任的界定中，知识产权的保护与尊重显得尤为重要。

首先，知识产权的保护是维护创新环境和市场秩序的关键。无论是著作权、专利权还是商标权，都是创作者和发明人智力劳动的结晶。侵犯这些权利不仅损害了权利人的合法权益，更破坏了社会的创新氛围。因此，人们必须严格遵守相关法律法规，尊重他人的知识产权，不盗用、不仿造、不销售侵权产品。

其次，尊重知识产权也是每个人应尽的责任。在日常生活和工作中，人们应增强知识产权保护意识，积极了解和学习知识产权的相关知识。通过参与各种知识产权宣传活动，人们可以提高自身的保护意识，推动社会对知识产权的关注和保护。

最后，对于发现的侵犯知识产权行为，人们应坚决斗争，积极向有关部门举报，并配合政府做好对知识产权违法行为的查处工作。这既是对自身权益的维护，也是对知识产权保护秩序的维护。

综上所述，知识产权的保护与尊重需要全社会的共同努力。作为社会成员，每个人都有责任和义务去了解和遵守知识产权法律法规，尊重他人的知识产权，同时保护好自己的知识产权。只有这样，人们才能共同营造一个尊重知识、保护创新的社会环境，为社会的持续发展和进步贡献力量。

四、网络环境下的权责关系

在网络环境下，权利与责任的界定变得尤为复杂和关键。网络技术的迅猛发展在带来便利的同时，也引发了一系列隐私和权利保护的问题。

首先，网络用户作为信息的发布者和接收者，拥有言论自由和隐私保护的权利。然而，这些权利并非没有限制。用户必须意识到，在享受网络带来的便利时，也应遵守相关的法律法规，不得发布违法、虚假或侵犯他人隐私的信息。同时，用户应对自己的言论负责，不得恶意攻击或诽谤他人。

其次，网络服务提供者承担着重要的责任。他们不仅要提供安全、稳定的网络服务，还要对用户发布的信息进行监管，确保不含有违法或侵权内容。一旦接到侵权投诉，网络服务提供者应及时采取措施，移除侵权信息，避免损害扩大。如果明知用户利用其服务进行侵权行为而未采取必要措施，网络服务提供者将承担相应的连带责任。

最后，政府在网络环境下的权责关系中也扮演着重要角色。政府应制定和完善相关法律法规，明确网络用户的权利和责任，规范网络服务提供者的行为。同时，政府还应加强监管，对违法行为进行严厉打击，维护网络环境的健康和安全。

综上所述，网络环境下的权责关系是一个复杂而重要的问题。用户、网络服务提供者和政府都应明确自己的权利和义务，共同营造一个安全、和谐、有序的网络环境。只有这样，网络才能更好地服务于社会，促进信息的交流和传播，推动社会的进步和发展。

第四节　沟通伦理的实践应用

【名人名言】

1. 媒体只有秉持良好伦理，才能实现正向传播效果，推动社会进步。

——哈罗德·拉斯韦尔

2. 不同文化在沟通等方面存在差异，在跨文化沟通中尊重差异是基础，唯有如此，才能促进文化间和谐交流。

——爱德华·霍尔

一、职场沟通中的伦理规范

在职场环境中，沟通不仅是信息传递的工具，还是构建信任、维护团队和谐与提升工作效率的关键。职场沟通中的伦理规范，是确保这一过程顺利进行的重要基石。

首先，职场沟通应坚持诚实守信的原则。无论是向上级汇报工作，还是与同事交流意见，都应确保信息的真实性和准确性，避免夸大其词或隐瞒事实。诚实守信不仅是对他人的尊重，也是个人职业素养的体现。

其次，尊重差异与包容多样是职场沟通中的重要伦理。每个人都有自己的背景、观点和价值观，职场沟通中应尊重这些差异，避免歧视和偏见。通过倾听和理解，促进团队成员之间的和谐与合作。

再次，保护隐私与信息安全是职场沟通的底线。在传递信息时，应严格遵守公司的保密制度，避免泄露敏感信息。对于同事的个人隐私，也应给予充分的尊重和保护，避免造成不必要的困扰和伤害。

最后，职场沟通还应注重责任与担当。在沟通中，应明确自己的职责范围，勇于承担责任，不推诿、不敷衍。同时，积极关注团队的整体利益，通过有效的沟通协作，共同推动工作的顺利进行。

总之，职场沟通中的伦理规范是构建良好工作氛围、提升团队凝聚力的关键。只有坚守这些规范，才能实现真正的有效沟通，促进个人与团队的共同成长。

二、媒体传播中的伦理要求

在媒体传播中，伦理要求扮演着至关重要的角色。媒体不仅是信息的传递者，更是社会舆论的引导者，因此，媒体从业者必须严格遵循一系列伦理规范。

首先，媒体从业者必须确保报道的真实性。这包括不发布虚假信息、不捏造事实，以事实为基础进行报道。真实是媒体的生命线，任何虚假报道都会损害媒体的公信力和社会的信任。

其次，媒体从业者要尊重公民的隐私权。在采集和传播信息的过程中，必须避免侵犯他人的隐私权、肖像权等合法权益。这不仅是法律的要求，还是媒体从业者应有的道德自觉。

再次，媒体从业者应坚守客观公正的原则。在报道中不偏袒任何一方，不传播未经证实的信息，避免主观偏见对报道的影响。只有这样，媒体才能赢得公众的信任和尊重，发挥其应有的舆论监督作用。

最后，媒体从业者还应注意言辞的慎重。不使用低俗、恶俗的迎合市场需求的手段，而应倡导健康向上的价值观。媒体作为公共利益的代言人，有责任传播正能量，推动社会进步和发展。

综上所述，媒体传播中的伦理要求是多方面的，包括真实性、尊重隐私权、客观公正及言辞慎重等。这些要求不仅体现了媒体从业者的职业操守，也是媒体赢得社会信任、履行社会责任的重要基础。因此，媒体从业者应不断加强自律，提高伦理素养，为社会的和谐稳定和健康发展贡献力量。

三、商务谈判中的道德准则

在商务谈判中，道德准则起着至关重要的作用，它不仅是谈判成功的基石，还是维护双方长远合作关系的保障。商务谈判的道德准则主要体现在以下几个方面。

第一，诚实守信是商务谈判的基本原则。谈判者必须保持诚实，不隐瞒或误导信息，言而有信，信守承诺。诚实可以增进双方的信任，推动谈判的顺利进行，同时也是谈判者个人和职业信誉的体现。

第二，公平合理是谈判结果应遵循的道德标准。谈判双方应平等地考虑彼此的利益，追求双赢的结果，而非单方面的利益最大化。这要求谈判者具备开放的心态，真诚地沟通，通过协商达成双方都满意的协议。

第三，责任心是谈判者必须具备的品质。谈判者应对谈判过程和结果负责，尊重并维护双方的权益。这包括认真准备谈判、确保信息的准确性，以及在谈判后积极履行承诺。

第四，情感控制也是商务谈判中的重要道德准则。谈判者应保持冷静，理性地分析问题，避免因情绪化而做出不利于双方合作的决策。同时，要尊重对手，保持礼貌和耐心，以营造良好的谈判氛围。

第五，尊重法律与规范是商务谈判不可忽视的道德要求。谈判者必须遵守相关法律法规，不得采取违法手段谋取利益。同时，应尊重国际商务惯例和道德规范，以维护良好的国际商业环境。

综上所述，商务谈判中的道德准则涵盖诚实守信、公平合理、责任心、情感控制及尊重法律与规范等方面。这些准则的遵循有助于建立和维护良好的谈判关系，促进谈判的成功和双方的长远发展。

四、跨文化沟通中的伦理考量

在全球化日益加深的今天，跨文化沟通已成为不可或缺的一部分。无论是商务合作、学术交流还是日常交往，我们都需要面对来自不同文化背景的人。因此，在跨文化沟通中，伦理考量显得尤为重要。

首先，尊重文化差异是跨文化沟通中的基本原则。每个文化都有其独特的价值观、信仰和习俗，这些差异可能导致沟通中的误解和冲突。因此，人们需要保持开放的心态，尊重并理解对方的文化背景，避免以自己的文化标准来评判他人。

其次，建立共同价值观是跨文化沟通的关键。尽管文化背景不同，但人类在某些基本价值观上是相通的，如诚信、尊重、平等。通过强调这些共同价值观，人们可以建立沟通的桥梁，促进双方的理解和合作。

再次，在跨文化沟通中，还需要注意保护个人隐私和信息安全。不同文化对于隐私的界定和保护方式可能存在差异，人们需要谨慎处理个人信息，以确保沟通过程符合双方的隐私保护标准。

最后，跨文化沟通中的伦理考量还需要关注公平和正义。在合作和交流中，应确保各方享有平等的权利和机会，避免任何形式的歧视和偏见。同时，人们也需要关注弱势群体的权益，确保沟通过程不会对他们造成不利影响。

综上所述，跨文化沟通中的伦理考量是一个复杂而细致的过程，需要人们以开放、尊重、理解和包容的态度去面对。只有这样，才能建立起有效的沟通机制，促进不同文化之间的和谐交流与合作。

简述题

1. 简述沟通伦理的基本概念及其在沟通中的作用。
2. 简述法律在沟通中的作用，以及伦理与法律的相互关系。
3. 阐述保密义务的内涵。
4. 列举沟通中的权利范畴。
5. 简述职场沟通中的伦理规范。

即测即练　　　　　　本章案例分析

自学自测　　扫描此码　　

参 考 文 献

中文文献

[1] 张明华. 管理沟通理论与实务[M]. 北京：经济科学出版社，2020.

[2] 李玉芳. 数字化转型背景下企业内部沟通模式创新[J]. 中国管理学报，2018, 33(6): 98-107.

[3] 王海东，刘伟. 新兴技术驱动下的管理沟通策略研究[J]. 经济管理，2021(11): 112-120.

[4] 马振邦. 跨文化管理沟通的艺术[M]. 上海：华东师范大学出版社，2019.

[5] 陈晓红. 新时代背景下管理者沟通能力提升路径[J]. 人力资源管理，2020(5): 45-52.

[6] 杰拉尔丁·海因斯. 管理沟通——策略与应用[M]. 6版. 朱超威，熊珍琴，译. 北京：中国人民大学出版社，2020.

[7] 魏江，王颂. 管理沟通：成功管理的基石[M]. 5版. 北京：机械工业出版社，2024.

[8] 张振刚，李云健. 管理沟通：理念、方法与实践[M]. 北京：清华大学出版社，2022.

[9] 马文杰，苏勇. 跨文化管理沟通[M]. 上海：复旦大学出版社，2022.

[10] 张志学. 管理沟通——领导力与组织行为的视角[M]. 北京：高等教育出版社出版，2019.

[11] 张杰. 数字时代下企业管理沟通模式重构[J]. 管理科学，2020, 23(2): 56-65.

[12] 吴启军，郭小琴. 互联网+环境下企业沟通策略的变革[J]. 经济管理评论，2021(4): 101-109.

[13] 黄瑾. 管理沟通的艺术与科学[M]. 广州：南方日报出版社，2023.

[14] 郭凌汉. 职场沟通对于员工关系的影响机制研究[J]. 全国流通经济，2023(1): 63-65.

[15] 徐晓虎，王玮洁. 企业员工沉默问题的影响因素分析及对策研究[J]. 淮阴师范学院学报（哲学社会科学版），2022, 44(6): 569-576+647.

[16] 黄文兰. 国有制造型企业管理沟通障碍及其对策研究[J]. 经济研究导刊，2021(32): 8-10.

[17] 许爱丽. 企业管理沟通的影响因素及对策研究[J]. 中国商论，2020(24): 127.

[18] 陈志红，陈志斌. 沟通满意度与员工绩效：研究路径及重要发现[J]. 南京社会科学，2019(3): 53-59.

[19] 隋晓玲，秦明利. "视域融合"理论在企业管理中的应用——基于管理沟通的视角[J]. 赤峰学院学报（汉文哲学社会科学版），2024, 45(1): 53-56.

[20] 郝婷. 现代企业内部沟通管理中存在的问题及运用策略[J]. 石化技术，2022, 29(8): 160-161+205.

[21] 刘静斐，谷禹，熊英，等. 中小企业内部沟通存在的问题与对策研究[J]. 中国商论，2021(18): 143-145.

[22] 罗纳德·B. 阿德勒. 沟通的本质[M]. 黄素菲，黄成瑗，译. 郑州：河南文艺出版社，2023.

[23] 林裕峰，清水建二. 同频沟通——把话说进对方的心坎里[M]. 沈阳：沈阳出版社，2021.

[24] 约瑟夫·格雷尼，科里·帕特森. 关键对话：如何高效能沟通（原书第3版）[M]. 毕崇毅，薛香玲，译. 北京：机械工业出版社，2022.

[25] 森优子，别所荣吾. 沟通三部曲[M]. 李钰婧，译. 北京：北京联合出版社，2024.

[26] 李映霞. 管理沟通理论、案例与实训（微课版 第2版）[M]. 北京：人民邮电出版社，2021.

[27] 弗吉尼亚·佩克·里士满，詹姆斯·C. 麦. 非言语沟通经典入门：影响人际交往的重要力量[M]. 7版. 鲁心茵，储浩翔，译. 北京：中国人民大学出版社，2024.

[28] 冠诚. 沟通的智慧+幽默口才提升情商的有效策略[M]. 北京：中国商业出版社，2024.

[29] 陈怡静. 无畏沟通：能成事的协作指南[M]. 北京：人民邮电出版社，2024.

[30] 克里·帕特森. 高质量沟通：沟通的艺术+关键对话如何高效能沟通[M]. 毕崇毅，译. 北京：北京联合出版社，2023.

[31] 马修. 学会沟通：全面沟通技能手册（原书第 4 版）[M]. 北京：机械工业出版社，2022.

[32] 皮拉尔·德拉托雷. 非暴力沟通术：简单有效的高情商沟通法[M]. 罗响应，译. 北京：文化发展出版社，2024.

[33] 威廉·J. 瑟勒. 沟通力：高效人际关系的构建和维护（原书第 11 版）[M]. 张豫，译. 北京：人民邮电出版社，2021.

[34] 莎丽·哈莉. 高效沟通的艺术（场景化案例+体验式练习）[M]. 伍文韬，陈姝，译. 北京：中国科学技术出版社，2023.

英文文献

[1] Ford, J.K., & Ford, W.R. Reframing Management Communication for the Digital Age [J]. *Journal of Business and Management*, 2023, 24(3): 56-71.

[2] O'Donnell, T.M. *New Perspectives on Leadership Communication*[M]. New York: Routledge, 2021.

[3] Guffey, M.E., & Almonte, R.J. *Business Communication Today*[M]. Boston: Pearson Education, 2019.

[4] Kinnick, C.C., & Jackson, S.E. The Impact of AI on Future Communication Patterns in Organizations[J]. *Communication Theory*, 2020, 30(4): 339-360.

[5] Hargie, O. Skilled Interpersonal Interaction: Research, Theory, and Practice[M]. London: Routledge. 2022.

[6] Carteret, P., & Clegg, S.R. (Eds.). *Routledge Handbook of Communication and Corporate Reputation* [M]. London: Routledge, 2019.

[7] Jones, B. Managing Communication Across Cultures in the Global Workplace[J]. *International Journal of Cross Cultural Management*, 2020, 20(1): 5-21.

[8] Lee, E., & Lueg, C. Digital Collaboration: The Role of Technology in Shaping the Future of Work [J]. *Information Society*, 2019, 35(6): 345-356.

[9] Elmer, D., & Hartley, J. Understanding Emotion in Organizational Communication[J]. *Journal of Applied Communication Research*, 2021, 49(2): 149-168.

[10] Adler, N.J. Cross-cultural management communication: New challenges for global leaders[J]. *Journal of World Business*, 2023, 54(3): 305-315.

[11] Kotter, J.P. Leading Change in a Digital World[J]. *Harvard Business Review*, 2020, 98(5): 60-70.

[12] Van de Ven, A.H., & Poole, M.S. Developing and testing new organizational forms: An action research perspective[J]. *Organizational Science*, 2022, 30(1): 1-19.

[13] George, G., Haas, M.R., & Pentland, B.T. From big data to smart decisions: Creating value from network-based information[J]. *Academy of Management Journal*, 2020, 63(6): 1663-1687.

[14] Pfeffer, J. Management as storytelling[J]. *California Management Review*, 2018, 60(2): 6-23.

[15] Schmitt, B.H. Emotional branding: Concepts and strategies for leveraging customer emotions in marketing communications[J]. *Marketing Theory*, 2021, 21(1): 3-21.

教师服务

感谢您选用清华大学出版社的教材！为了更好地服务教学，我们为授课教师提供本书的教学辅助资源，以及本学科重点教材信息。请您扫码获取。

≫ 教辅获取

本书教辅资源，授课教师扫码获取

≫ 样书赠送

企业管理类重点教材，教师扫码获取样书

清华大学出版社

E-mail: tupfuwu@163.com
电话：010-83470332 / 83470142
地址：北京市海淀区双清路学研大厦 B 座 509

网址：https://www.tup.com.cn/
传真：8610-83470107
邮编：100084